Zu diesem Buch

Das Schlüsselthema der den Hauptinhalt dieses Bandes bildende Schauspiele «Das Gartenfest» und «Die Benachrichtigung» ist die «Mechanisierung des Menschen», der sich im Gestrüpp der Sprach- (und Denk-) regelung verfängt, denn «der Mensch benutzt nicht die Phrase, sondern die Phrase benutzt den Menschen». – Zwei Essays («Über die dialektische Metaphysik» und «Anatomie des Gag») sowie die lyrischen Typogramme der «Antikoden» vervollständigen das Bild von Václav Havel, dessen Schaffen Jan Grossman, ehemals Schauspieldirektor des international bekannten «Theater am Geländer» und Havels hilfreicher Förderer und kritischer Anreger, in einem einfühlsamen Vorwort deutet.

«Das Gartenfest» («Zahradní slavnost»), 1963 uraufgeführt und seither in Ost und West immer wieder in Szene gesetzt, war das begeistert applaudierte Debüt des Stückeschreibers Havel. Im Nachzeichnen der schwindelerregenden Karriere des sich selbst darüber verlierenden Hugo Pludek wird die Welt mit philologischer Tücke entlarvt: unter Scherz, Satire, Ironie und tieferer Bedeutung «geht eine Tragigroteske des Phrasendrusches vonstatten, ein bitterer Spaß mit dem entwerteten Wort» (Friedrich Luft in «Die Welt»).

In «Die Benachrichtigung» («Vyrozuméni») packt Havel ein Thema an, das uns nicht minder berührt als die Zuschauer der Uraufführung, die 1965 ebenfalls im «Theater am Geländer» herauskam. Der Direktor eines Amtes findet eines Morgens auf seinem Schreibtisch einen Brief in einer ihm unverständlichen Sprache, in «Ptydepe», das man erfunden und eingeführt hat, «um die amtliche Korrespondenz zu präzisieren und ihre Terminologie neu zu ordnen» – denn hat nicht zum Beispiel das Wort «Maßnahme» einen «unangenehm menschlichen Doppelsinn? Ob man das, was sich daraus entwickelt, nun «verwaltete Welt» oder «Auswüchse des bürokratischen Apparats» nennt, ist letztlich wiederum bloß eine Frage der Terminologie.

Václav Havel hat 1983 für eine Inszenierung von «Die Benachrichtigung» am Burgtheater in Wien eine ergänzte und korrigierte Fassung seines Stücks geschrieben, deren Text in diesem Taschenbuch veröffentlicht wird.

Václav Havel wurde am 5. Oktober 1936 in Prag geboren. Nach dem Militärdienst war er beim Prager «Theater am Geländer» als Bühnenarbeiter, Beleuchter, Sekretär, Regieassistent, Lektor, Dramaturg und Hausautor tätig. Mit seinen beiden ersten Theaterstücken «Das Gartenfest» (1963), einer Satire über die Mechanisierung des Menschen in einer total verwalteten Welt, und «Die Benachrichtigung» (1965), einer absurden Komödie über Bürokratie und Entpersönlichung durch anonyme Mächte, gelang ihm der Durchbruch zum international anerkannten Dramatiker. Weitere Bühnenwerke: «Erschwerte Möglichkeit der Konzentration», «Die Gauneroper», «Das Berghotel», «Largo Desolato», «Die Versuchung». Insgesamt erlebten Havels Stücke bisher über 250 Inszenierungen in achtzehn Ländern sowie etwa 150 Rundfunk- und Fernsehsendungen.

Seit dem Ende des sogenannten Prager Frühlings 1968 wurde Havel mit einem Publikations- und Aufführungsverbot in der ČSSR belegt. Als Mitbegründer und langjähriger Sprecher der «Charta 77» erlitt Havel mehrere Festnahmen, Prozesse und Haftstrafen. 1978 wurde er zu vierzehn Monaten ohne Bewährung verurteilt, wegen schwerer Erkrankung einige Monate vor Ablauf dieser Haftstrafe entlassen. Eine neue Verurteilung am 21. Februar 1989 zu neun Monaten Haft unter verschärften Bedingungen löste weltweite Proteste – auch in Ländern des Ostblocks – aus. Am 17. Mai 1989 wurde Václav Havel auf Bewährung vorzeitig aus der Haft entlassen.

Havel erhielt 1968 den amerikanischen OBIE-Bühnenpreis, 1980 den Österreichischen Staatspreis für europäische Literatur und 1986 den holländischen Erasmus-Preis sowie den Jan-Palach-Preis zur Unterstützung der «Charta 77». Die Universitäten in Toulouse und in York (Kanada) verliehen ihm die Ehrendoktorwürde. Die P.E.N.-Clubs in Frankreich, Schweden, der Bundesrepublik und der Schweiz sowie die Freie Akademie der Künste in Hamburg ernannten ihn zum Ehrenmitglied. Im Oktober 1989 wird Václav Havel den diesjährigen Friedenspreis des Deutschen Buchhandels erhalten.

Im Rowohlt Taschenbuch Verlag sind erschienen:

Largo Desolato (1985, rororo 5666)
Das Gartenfest/Die Benachrichtigung (1989, rororo 12736)
Audienz/Vernissage/Die Benachrichtigung/Offener Brief an Gustáv Husák (1977, vergriffen)
Briefe an Olga (1989, rororo aktuell-Essay 12732)
Versuch, in der Wahrheit zu leben (rororo aktuell-Essay 12622)
Vaněk-Trilogie: Audienz/Vernissage/Protest und Versuchung, Sanierung (1989, rororo 12737)

Ferner im Rowohlt Verlag:

Fernverhör (Reinbek 1987)

Václav Havel

Das Gartenfest
Die Benachrichtigung

Zwei Dramen
Essays
Antikoden

Rowohlt

«Das Gartenfest» («Zahradní slavnost») wurde von
August Scholtis übertragen.
«Die Benachrichtigung» («Vyrozumêní») von Eva Berkmann, das Vorwort,
die Essays «Über die dialektische Metaphysik» («O dialektické Metafysice»),
«Anatomie des Gag» («Anatomie Gagu») und die «Antikoden»
(«Antikódy») von Hans Peter Künzel
Alle Übertragungen aus dem Tschechischen
Umschlagentwurf Walter Hellmann

Neuausgabe
Veröffentlicht im Rowohlt Taschenbuch Verlag GmbH,
Reinbek bei Hamburg, September 1989
© 1989 by Rowohlt Taschenbuch Verlag GmbH, Reinbek bei Hamburg
«Zahradní slavnost» © 1963 by Václav Havel
«Das Gartenfest» © der deutschen Übersetzung 1964 by Rowohlt Verlag GmbH,
Reinbek bei Hamburg
«Vyrozumêní» © 1965 und 1983 by Václav Havel
«Die Benachrichtigung» © 1965 und 1983 by Rowohlt Verlag GmbH,
Reinbek bei Hamburg
«O dialektické Metafysice» © 1966 by Václav Havel
«Über die dialektische Metaphysik» © 1967 by Rowohlt Verlag GmbH,
Reinbek bei Hamburg
«Anatomie Gagu» © 1966 by Václav Havel
«Anatomie des Gag» © 1967 by Rowohlt Verlag GmbH, Reinbek bei Hamburg
«Antikódy» © 1966 by Václav Havel
«Antikoden» © 1967 by Rowohlt Verlag GmbH, Reinbek bei Hamburg
Die Rechte der Bühnenaufführung, der Übertragung durch Rundfunk und
Fernsehen sowie des öffentlichen Vortrags liegen beim Rowohlt Theater Verlag,
Reinbek bei Hamburg
Satz Sabon (Linotron 202)
Gesamtherstellung Clausen & Bosse, Leck
Printed in Germany
1080-ISBN 3 499 12736 9

Inhalt

Vorwort 9

Das Gartenfest 25

Die Benachrichtigung 81

Über die dialektische Metaphysik 172

Anatomie des Gag 182

Antikoden 201

Vorwort

Nicht viele Bücher haben ein Vorwort als Einführung in die Lektüre so wenig nötig wie dieses. Der weitgefaßte Sammelband mit seinen Schauspielen, Essays und der im literarisch-graphischen Grenzgebiet realisierten Poesie stellt zwar einen Komplex dar, dessen einzelne Bestandteile verschiedenen Gattungen angehören, doch diese Bestandteile durchdringen einander und kommentieren sich gegenseitig; wenn wir die Beispiele einer Gattung gewissermaßen vor dem Hintergrund der anderen lesen, dann gewinnen wir allmählich ein plastisches Bild vom Hinterland von Václav Havels gesamtem Schaffen.

Das Bewußtsein, daß jegliche explizierende Begleitung überflüssig ist, bietet die Möglichkeit, ein anderes Vorwort zu versuchen: ein Vorwort, das sich um einen Gesamtblick auf den Autor bemüht, um die Bestimmung seines künstlerischen Typus.

Die Konzeption dieses Buchs zeigt nicht nur die Breite der Havelschen Interessen und Ausdrucksmittel, sondern auch ihre innere Einheit, die grundlegende Auffassung, aus der heraus der Autor seine Verfahren entwickelt und der sie dienen.

Ich glaube, daß diese Auffassung ihrem Wesen und ihrer Originalität nach *theatermäßig* und *theatergemäß* ist.

Vielleicht gelingt es mir, den Leser davon zu überzeugen, daß diese Ansicht weder einem Vorurteil noch einer Berufskrankheit entspringt. Immerhin habe ich «dabeisein» dürfen, als die beiden Stücke von Václav Havel entstanden, und mich in der einen oder anderen Weise an ihrer Bühnenrealisierung im Theater am Geländer in Prag, Havels «Haustheater», beteiligen können.

Ich habe kein Handbuch der literarischen Gattungen griffbereit, doch sicher steht darin – im Kapitel über das Drama – die folgende oder eine ähnliche Definition:

«Das Drama ist jene Gattung, in der eine Begebenheit vermittels direkter Rede (zweier oder mehrerer Personen) vorgeführt wird und mit Hilfe einer Handlung, die aus der direkten Rede hervorgeht oder diese bedingt.»

Woraus sich ergibt, daß ein Gespräch in Form zweier Rufe: «Ergebt euch, Elende!» – «Niemals!» von weitaus größerer dramatischer Wirksamkeit ist als meinetwegen nachstehendes Zitat:

«Sie betrat das Zimmer. Und im selben Augenblick stahl sich, seltsam schlaff und ohne ersichtlichen Grund, in ihren Sinn die Erinnerung an einen Morgen in Venedig, nebelig und trist zwar, dennoch durch etwas Unerklärliches an jene anderen Sonnentage gekettet, die sie Jahre zuvor im Süden Italiens erlebt hatte. Sie nahm auf einem Stuhl Platz, läutete, und erst nachdem vom Zimmermädchen der Tee gebracht worden war, begannen sich ihre Empfindungen aufzuhellen wie bei der Scharfeinstellung eines Kameraobjektivs. Jawohl, gemeinsamer Nenner beider Eindrücke war ‹er›, seine Stimme, die durch beide Landschaften geklungen und sie zu ihm und zu ihrem Selbst gerufen hatte.»

Zweifellos läßt sich in direkte Rede die Bestellung des Tees umsetzen und in Aktion das Betreten des Zimmers, das Platznehmen und das Kommen des Zimmermädchens. Doch das wäre eine magere Ausbeute, und nach unserem Handbuch hätte diese Passage keine großen Dramatisierungschancen.

Allerdings bieten die modernen dramaturgischen und bühnentechnischen Verfahren – die freilich nur neue Variationen uralter Verfahren sind – weitaus mehr Möglichkeiten. So ist vorstellbar, daß die Erinnerungen an Venedig und Süditalien durch Fotomontagen veranschaulicht werden; daß Vorgänge, die durch Schauspieler-«Psychologie» nicht ausdrückbar sind – «Gründe» lassen sich schwer darstellen, noch schwerer «unsichtbare» Gründe –, von einem brechtischen Kommentator oder Erzähler nachgeliefert werden; und daß «seine Stimme» aus «ihrer» Erinnerung mittels Tonbandaufnahme laut wird, gegebenenfalls zusammen mit einer «Vision», die «seine» ganze Gestalt wiedergibt.

Enthält das Handbuch in seinem Versuch einer Definition wenigstens eine «Grund-Wahrheit»?

Vielleicht erwecke ich den Eindruck falschen Vorgehens,

wenn ich die Definition nicht mit der Elle des *Dramas*, sondern der bloßen *Dramatisierung* messe, zudem einer «möglichen» Dramatisierung. Grundsätzlich jedoch besteht kein Unterschied zwischen Drama und Dramatisierung.

Viele Dramen, und dramatische Typen allgemein, entstehen durch Dramatisierung von Stoffen, die ursprünglich für andere Gattungen bestimmt und in diesen verwirklicht waren: in Mythen, Riten, historischen Chroniken, Dokumenten. Ähnlich ist es bei der Dramatisierung von Stoffen, die vom konventionellen Charakter fertiger Figuren bestimmt werden; der Dramatiker variiert hier eigentlich nur ein Material, das von Vorfabrikaten gebildet und durch sie beschränkt wird – so war es in der Commedia dell'arte und bei den Dramatisierungen unseres sogenannten «Befreiten Theaters».

Drama und Theater sind im wesentlichen eklektische Gebilde. Sie stützen sich auf die anderen Gattungen und Disziplinen und machen ständig bei ihnen Anleihen. Es hätte in diesem Zusammenhang keinen Sinn, sich mit dem Verhältnis zwischen Drama und Theater zu beschäftigen; die Beziehung zwischen den beiden ist einmal enger, einmal freier, immer aber berühren sie sich durch ihre Grundtendenz zur Vorführung «vermittels direkter Rede und Handlung». Ihre Übereinstimmung, auch was diese Tendenz betrifft, beruht im erwähnten Eklektizismus, in der Kunst, Anleihen zu machen und sich Fremdes anzueignen.

Ich zögere deshalb nicht, unserem Handbuch die «Grund»-Wahrheit zuzubilligen. Ein Mangel von Handbuch und Definition ist jedoch, daß sie nicht «hinter» die äußere Technik blicken. Dramentechnik entsteht nicht durch Aneignung und Füllung einer Grundform, sondern durch ständiges Erfinden neuer Verfahren, die geeignet sind, die verschiedensten Stoffe zu dramatisieren, Verfahren also, die – vom allgemeinen Standpunkt gesehen – *alles* zu dramatisieren vermögen.

Um unsere Betrachtung nicht unzulässig zu vereinfachen, sei sogleich hinzugefügt, daß sich diese «Allmächtigkeit» von Drama und Theater auf der zeitgenössischen Bühne eher als Fluch denn als Segen auswirkt; ich möchte fast sagen, daß gerade sie eine der

Hauptursachen der immer wieder konstatierten Krise des Theaterschaffens im ganzen ist.

Daß das Drama sich allem bemächtigen kann, bedeutet bei großen Autoren nicht die Fertigkeit und den Willen, sich eines *jeden* zu bemächtigen, sondern die hellsichtige Kunst, sich des *Wesentlichen* zu bemächtigen, also Stoffe oder Genres zu ergreifen, die geladen sind mit Erfahrung, intellektuellem Interesse und wacher Empfindung für die gegenwärtige Zeit und den gegenwärtigen Raum. Shakespeares epische Komposition, die mehrere parallellaufende Handlungsfäden und jäh wechselnde, verschiedenartige, oftmals weit entfernte Schauplätze in die begrenzte Begebenheit mit einbezieht, entstand genauso «logisch» und notgedrungen wie Tschechovs Kammerspiel, das mit wenigen Personen auskommt, die durch ein intimes Ganzes eng miteinander verbunden sind, durch Familie, Verwandtschaft oder Zugehörigkeit zur genau ausgemessenen Lokalität eines Hauses und seiner nächsten Umgebung. In beiden Fällen sind «direkte Rede und Handlung» das Fundament. Jede der beiden Techniken jedoch ist anders konstruiert und ausgebaut, weil sie der «Vorführung» dienen, der Dramatisierung unterschiedlicher Räume und unterschiedlich ablaufender Handlungen: der Vorführung einer «Welt», in der sich historisch wichtige Bewegungen abspielen.

Die Krise des Dramas, wie man sie heute sieht, wurzelt also nicht in der Begrenztheit der Mittel, wie wir oft klagen, nicht in der Beunruhigung durch die scheinbar weitreichenderen Mittel des Films oder des Fernsehens und seiner so natürlichen Konjunktur. Sie beruht eher auf der erwähnten Allmacht, der es an einem klaren und spontan-hellsichtigen Bewußtsein von Zweck und Ziel mangelt.

Allmacht verwandelt sich ins gerade Gegenteil, nämlich in Machtlosigkeit, wenn der Dramatiker nicht weiß, was er kann und was er nicht kann, vor allem, wenn er versucht, was er nicht darf. Alles auf jedem Gebiet ist dramatisierbar, die *Notwendigkeit* der Dramatisierung aber besteht nur dort, wo sie nicht als eine von vielen Möglichkeiten erscheint, sondern als *einzige*.

Einzigkeit in diesem Sinn ergibt sich nicht aus Unwiederhol-
barkeit und Unübertragbarkeit des Stoffs aus einer Gattung in
die andere: darum warnte ich davor, den Begriff des Dramas
vom Begriff der Dramatisierung zu trennen. Einzigkeit ist dann
erreicht, wenn der Dramatiker die dramatischen Qualitäten des
– vielleicht schon anderswo verarbeiteten – Stoffs aufdeckt und
sichtbar macht, daß dieser Stoff nach Ausdruck in der Form des
Dramas – und keiner anderen – verlangt.

Versuchen wir nun hier, die von unserem Handbuch gebotene
«technische» Definition weiter zu verbessern und zu entfalten:
Gemeinsame Tendenz von Drama und Theater ist das Bemühen um eine Form, begründet auf der Aufführung eines Stoffs
vor dem Zuschauer, der sich zu diesem Zweck zu einer bestimmten Zeit in einem bestimmten Raum einfindet, um diesen Stoff
gerade so und nicht anders aufzunehmen.

Ist diese Art der Aufnahme nicht lediglich unwesentliche Ab-
änderung einer anderen – das heißt, soll die «Vorführung» nicht
bloße Verstärkung jenes Eindrucks sein, den man beim Lesen des
Werkes auch gewinnen würde –, dürfen wir den Zuschauer nicht
nur als unerläßliche Voraussetzung der Vorführung erachten,
sondern als ihren aktiven Mitschöpfer?

Was keine neue Erkenntnis ist. Wer sich am Theatermachen
beteiligt, weiß um die Notwendigkeit aktiver Zuschauerreso-
nanz, und er versucht sie mit allen Mitteln zu erreichen: Ausbau
der Begebenheit, szenische Komposition, Placierung von Gags,
Pointierung, einfach alles, was zu den keineswegs unnützen Regeln des *well-made play* und zu den Prinzipien der Regisseur-
und Schauspielerzunft gehört.

Routiniertes Theater – das meine ich nicht abschätzig – lenkt
die Aufmerksamkeit des Zuschauers direkt auf das Bühnengeschehen. Wirklich großes Theater lenkt den Zuschauer gleichzeitig und vor allem darauf, was sich zwischen ihm und der
Bühne abspielt. Quelle solchen Theaters sind Stoffe, die sich
nicht nur in direkte Rede und Handlung umsetzen lassen und
mit einem gewissen Erfolg über die Bühne gehen, sondern Stoffe,
die geeignet sind, direkte Rede und Handlung zwischen Bühne

und Zuschauerraum hervorzurufen. Direkte Rede und Handlung bei Shakespeare unterscheiden sich von direkter Rede und Handlung bei Tschechov. Die unterschiedlichen Techniken dieser beiden Autoren dramatisieren jedoch Themen, die aktive Gespräche zwischen Schauspieler und Publikum ermöglichen. Anders ausgedrückt: Beide haben Themen aufgegriffen und verarbeitet, die wesentlich *dialogisch* sind und es auch durch die Art und Weise ihrer Verallgemeinerung blieben, und somit zum Dialog auffordern.

Shakespeare und Tschechov gehören zu den sogenannten vieldeutigen oder dunklen Autoren. Das fortwährend empfundene Geheimnisvolle und Fragmentarische ihrer Stücke ist jedoch nur der Beweis für ihre fortdauernde Lebendigkeit, die nicht anders «erklärt» und «bestimmt» werden kann als durch solchen Dialog. Größe und Integrität der Werke dieser beiden Dichter gründen sich darauf, daß sie mit der fortwährend erneuerten dialogischen Interpretation rechnen, so als könnten sie sich ohne diese nicht voll verwirklichen.

Aufführungen von Shakespeare- oder Tschechov-Stücken aktivieren den Zuschauer nicht allein durch Erstaunen, Rührung, Spannung oder Neugier, also durch Empfindungen, die beim Blick aufs Bühnengeschehen entstehen. Sie aktivieren ihn durch ihre Unvollständigkeit beziehungsweise Vieldeutigkeit, durch den sonderbaren, undefinierbaren Raum, wo der Zuschauer hingelockt und wo er verlockt wird, die freien Stellen auszufüllen. Zwischen Szene und Zuschauerraum werden gewisse komplementäre Bedeutungen gespannt, mittels welcher das Publikum zum Mitgestalter der Theatervorführung aufrückt. Womit eine neuerliche Korrektur des Handbuchs erfolgt: Das Wesentliche der dramatischen Vorführung sind direkte Rede und Handlung, die sich zum *Dialog* entwickeln, und zwar nicht nur zwischen den die Begebenheit agierenden Gestalten, sondern auch zwischen der Begebenheit und ihren Zuschauern.

Ich glaube, daß Václav Havel wie wenige im tschechischen Gegenwartsdrama mit seinen Stücken den Beweis für diese grundlegende dramatische Fähigkeit angetreten hat.

Heute, nach den erfolgreichen Premieren des ‹Gartenfestes›
und der ‹Benachrichtigung› bei uns und im Ausland, kann ich
nicht umhin, an jene zu denken, die einst Havels «echte» dramatische Potenz anzweifelten. Es waren nicht immer nur Oppo-
nenten, die so dachten, oft taten es Leute, die sein literarisches
Talent hochschätzten, seine kritisch-analytischen Fähigkeiten,
seine Kunst der Verkürzung, seine eindringlichen und lapidaren
Formulierungen, seine auf mannigfaltige Weise vorgebrachten
Pointen und Aphorismen. Sämtlichen jedoch erschienen diese
Eigenschaften allzu rational, spekulativ, exakt konstruierend
und somit bar der Plastizität, der fabulierenden Invention, der
psychologischen Glaubwürdigkeit – einfach alles dessen, was
man mit der landläufigen Vorstellung vom Drama verband.
   Wir sind froh, daß Havel diese besorgten Prognosen nicht zur
Kenntnis nahm. Nicht zur Kenntnis nahm sie auch das Theater,
in welchem und für welches er seine Stücke ursprünglich schrieb
und wo sie zuerst realisiert wurden. Soweit das Theater am Geländer tätiger Helfer und anregende Umwelt ihrer Entstehung
war, kann es mit gutem Gewissen behaupten, nach Kräften versucht zu haben, die Patenrolle so gut wie möglich zu spielen: es
hielt Václav Havel nie zu etwas anderem an, als möglichst stark
und möglichst vollkommen er selbst zu sein.

Schlüsselthema von Havels Schauspielen ist die *Mechanisierung*
des Menschen. Also kein ungewöhnliches Thema, man findet es
bei vielen europäischen Gegenwartsdramatikern. Ein Fachmann
vermöchte sicherlich Einflüsse festzustellen, die aus dieser Verwandtschaft heraus auf Havel einwirkten – keine Frage, daß ein
junger Autor von Schriftstellern beeinflußt wird, die er liebt und
deren Weltdeutung organischer Bestandteil der konkreten Welt
ist, in der er lebt und arbeitet.
   Eine solche Feststellung wäre nicht nur möglich, sondern auch
nützlich, vorausgesetzt allerdings, sie verdeckte nicht das wichtigste und entscheidende Moment: Havels Originalität, die «in-
haltliche» und die «formale», um uns an die Handbücher zu
halten.
   Viele Autoren, die man im Zusammenhang mit Havel nennen

könnte, *zitieren* das Thema Mechanisierung: mit groteskem, satirischem, tragischem oder sentimentalem Akzent. Mit «zitieren» ist gemeint, daß sie sich diesem Thema als einem von vielen möglichen, ihrer dramatischen Technik verfügbaren, widmen.

Havel zitiert das Thema Mechanisierung nicht. Für ihn ist es das Zentralthema, aus dem er seine Technik überhaupt erst ableitete, entfaltete und fixierte.

Im Anfang des ‹*Gartenfestes*› und der ‹*Benachrichtigung*› war nicht die Blendung durch dieses oder jenes dramaturgische Verfahren, mit dem man anderswo das Thema Mechanisierung des Menschen verarbeitet hatte, sondern dieses Thema als solches, einmal authentisch erlebt, zum anderen mehr durch Fach- und theoretische Literatur vermittelt als durch dramatische. Bestimmend beim Herantreten ans Werk war jenes «trocken» Rationale, das einst Zweifel an Havels dramatischer und theatralischer Potenz hatte aufkommen lassen.

Havel hat sich ans Thema Mechanisierung durch eine stark analytische, präzise formulierende Diskussionsmethode herangearbeitet: obgleich durch die tägliche «aktuelle» Realität beeinflußt, ließ er sich nicht verführen, ähnlich alltäglich zu antworten, sondern er reagierte durch eine Generalisierung, die sich um das Wesentliche und um eine allgemeine Entsprechung bemüht. Havel wurde nicht zum Dramatiker, weil man ihn dazu aufforderte oder weil er die Möglichkeit hatte, «auch» Stücke zu schreiben, sondern in dem Augenblick, da er das latent Dramatische seines Themas spürte, da er entdeckte, daß die dramatische Wiedergabe die *einzige* und einzig *notwendige* Wiedergabe seines Stoffs ist.

Aus dem Analytiker Havel wurde der Dramatiker Havel, sobald er erkannte, wer er ist (und wer nicht), und als er den Mut und die Kraft hatte, einzig derjenige zu sein, der er ist.

Was für Lehren er aus fremden Mustern auch gezogen haben mag, Havel hat seine dramaturgische Methode aus der eigenen Anschauung der Wirklichkeit und aus dem eigenen Thema abgeleitet, und zwar in dem Augenblick, als er auf dessen prinzipiell dialogische Grundzüge stieß; sie sind und bleiben der wertvollste Charakterzug seiner beiden Stücke und der Grund für ihre weltweite Resonanz. Denn sie rufen ein ganz bestimmtes Zwiegespräch zwischen Bühne und Zuschauerraum hervor, in dem genügend Raum bleibt für die Bildung komplementärer Bedeutungen und Assoziationen.

Der Leser kann, wenn er das ‹Gartenfest› mit der ‹Benachrichtigung› vegleicht, Havels Vertiefung zu dramatischer Authentizität verfolgen. In beiden Stücken wirkt als Hauptakteur der Mechanismus, der den Menschen beherrscht.

Im ‹Gartenfest› ist es der Mechanismus der Phrase. Er wird als Variante der Erkenntnis aufgefaßt, daß Kleider Leute machen: der Mensch benutzt nicht die Phrase, sondern die Phrase benutzt den Menschen. Die Phrase ist der Held des Stücks, sie spinnt und kompliziert willkürlich den Konflikt, bestimmt die menschlichen Handlungsweisen, und erzeugt, indem sie sich mehr und mehr von der gegebenen Wirklichkeit trennt, eine neue eigene Wirklichkeit.

Auch in der ‹Benachrichtigung› geht dieser Mechanismus aus dem Bereich der Sprache hervor. Den Menschen beherrscht hier eine synthetische Kunstsprache, die eine Vervollkommnung und Präzisierung der Kommunikation bewirken soll, praktisch aber zu immer ärgeren Störungen der menschlichen Beziehungen und zu anhaltender Entfremdung führt.

Das ‹Gartenfest› demonstriert diesen Prozeß auf eine Weise, die wir – im Rahmen der Poetik unseres Dramatikers – als geradlinig «tendenziös», als anekdotisch aggressiv bezeichnen könnten.

In der ‹Benachrichtigung› hingegen sind die Figuren nicht mehr aus derart absichtsvoller und provokativer «Zweckmäßigkeit» heraus erschaffen. Sie dienen nicht mehr nur zur Veranschaulichung der Konzeption des Autors, sondern erwachsen nun viel organischer und folgerichtiger aus dieser Konzeption: sie selbst sind die Konzeption – der Autor ist hinter der Begebenheit und hinter seinen Schauspielern «verschwunden».

Man könnte sagen, der Mechanismus sei in der ‹Benachrichtigung› psychologisiert. Was nicht heißen soll, daß die Arbeitsweise des Mechanismus angereichert oder «aufgereichert»

worden ist durch plastischere beziehungsweise «menschlichere»
Details, die außerhalb oder über ihm stehen, die also in bezug
auf seine Arbeitsweise irgendein *Mehr* bedeuten. Im Gegenteil:
Havel bekam hier den Mechanismus als Hauptakteur noch fe-
ster in den Griff und leitete noch konsequenter seine dramaturgische Technik daraus ab. Mit Psychologisierung ist hier lediglich
Havels entwickeltere Fähigkeit zur Stoffinterpretation in mehreren Ebenen und Sphären gemeint. Der abstrakte Sprachmecha-
nismus wurde organisch in den Mechanismus der Feigheit, in
den Mechanismus der Macht, in den Mechanismus der Gleich-
gültigkeit projiziert: ein jeder dieser Mechanismen für sich und
alle miteinander im vollkommenen Zusammenspiel bieten ein
vielschichtigeres, im Verhältnis zum ‹Gartenfest› komplexeres
Bild menschlicher Entpersönlichung.

Der Weg vom ‹Gartenfest› zur ‹Benachrichtigung› ist also ein
Weg der immer weiterreichenden und beharrlicheren Stratifika-
tion ein und desselben Themas. Der Stoff weitet sich nach allen
Seiten aus, erfaßt neue Schichten in vertikaler und horizontaler
Lage: Auswirkung einer kompositorischen Planmäßigkeit, die,
was das vollendete Zusammenspiel aller Teile anbelangt, in der
Geschichte unseres Dramas ihresgleichen sucht.

Die bündige Kartierung des Weges vom ersten zum zweiten
Schauspiel wird dem Leser vielleicht helfen, auch andere Stratifi-
kationen Havelscher Arbeit leichter zu verfolgen, vor allem die
Art und Weise, mit der sich Havels Zentralthema in den übrigen
Gattungen äußert, insbesondere im Bereich der zwischen litera-
rischer und graphischer Gestaltung oszillierenden konkreten
Poesie.

Erschien einst den Zweiflern Havels dramatisches Talent ge-
ring, mußte ihnen sein poetisches ebenfalls gering erscheinen.
Tatsächlich begegnet man, von ihrem Standpunkt, in seiner Aus-
gangsbasis sehr Trockenem und schroff «Rationalistischem».
Das Material der Gedicht-Bilder sind kahle Sätze, kahle Wörter,
Ziffern, Buchstaben, Frage- oder Rufzeichen, die auf den ersten
Blick offenbar nichts weiter aussagen als ihre «kahle», gramma-
tisch einfachste Position. Alles, worauf Poesie im traditionellen,

weitgefaßten Sinn beruht, ist aufgegeben: Metrik ebenso wie freie Rhythmen, Strophenbau, Liedhaftigkeit, Musikalität, Bedeutungsoszillation, die durch Kurzschluß eine geahnte, aber nicht ausgedrückte Metapher erzeugt, phonische Linie.

Aber konkrete Poesie ist nicht nur zum *Lesen* bestimmt, man kann sie sogar nicht nur lesen, man muß sie gleichzeitig *sehen*. Die graphische Anordnung stellt kein bedeutungsloses, nur-dekoratives Arrangement des Textes dar, sie wird dessen gleichwertiger Partner: Ohne sie existierte der Text nicht, verlöre seinen Sinn und wäre nicht einmal durch Umschreibung mittelbar.

Der graphische Bestandteil hat – das erweist sich, wenn man ihn künstlich vom literarischen abzuziehen versucht – gleichfalls eine markant rationale und mechanische Struktur. Blättert man rasch und «von weitem» in diesen Gedichten, nicht um sie zu «lesen», sondern nur um festzustellen, mit was sie Ähnlichkeit haben, dann erwecken sie die Vorstellung von Schriftmustern, von Zahlenkolonnen, die auf der Papierrolle aus der Rechenmaschine kriechen, von Behördenformularen, Preistabellen, Kalendern oder von dem kilometerlangen Papierband, auf das eine Rotationsmaschine hunderttausendmal denselben Aufmacher druckt.

Auch hier ist Havels Leitthema die Mechanisierung.

Ich habe es eingangs abgelehnt, den Führer durch Havels Werk zu spielen, und ich möchte den Leser auch hier, in der Gattung Lyrik, nicht belästigen. Die Gesamtschau soll jedoch abgeschlossen werden.

Obwohl nur flüchtig, dürfte der Vergleich zwischen Havels Drama und Lyrik aufgezeigt haben, daß er sein Zentralthema nicht «zitiert», daß er es nicht durch eine vorgegebene Technik verarbeitet, sondern daß er seine Technik aus dem Thema – und aus der Art und dem Blick, mit dem er sich seiner bemächtigt – ableitet und bildet.

Havel ist von der Anlage her nicht gleichzeitig «Dichter» und «Dramatiker». Er war von Anfang an engagierter Schriftsteller im allgemeinen Sinn des Wortes, in seiner frühesten Jugend überwiegend literaturtheoretisch und philosophisch orientiert;

er hatte die Wißbegierde eines gebildeten Leser-Kritikers (was die fruchtbarste Wißbegierde sein dürfte), und sie führte ihn dazu, sich nicht mit der Anhäufung von Fakten zu begnügen, sondern zu versuchen, diese Fakten zu interpretieren und zu verallgemeinern, vom Konkreten der Dinge zu ihrem Wesen vorzudringen.

Wenn Havel Schauspiele zu schreiben begann, tat er es zweifellos auch deshalb, weil er dazu Gelegenheit fand und in eine Umgebung geriet, die ihm entsprechende Impulse vermittelte. Vor allem aber wurde er Dramatiker, weil er, wie gesagt, das latent Dramatische seines Themas erspürte und die Notwendigkeit erkannte, sich ein dementsprechendes Mittel zu schaffen.

Wenn er sich der Gattung «Poesie-Bild» zuwandte, tat er es aus der Erkenntnis heraus, daß sein Thema auch ein solches Verfahren erfordert und ermöglicht. Havel ist der besonders glückliche Fall eines apriorischen Schriftstellers; was ich als Schlußfolgerung und darum in dem Vertrauen sage, dieser Terminus werde nicht am Apriorischen aus dem philosophischen Wörterbuch gemessen, sondern an den vorhergehenden Seiten des Vorworts.

Und gerade hier möchte ich, obwohl es auf den ersten Blick sonderbar erscheinen mag, zum Anfang der Betrachtung zurückkehren, nämlich zu der Annahme, Havels grundlegende Auffassung der Wirklichkeit lasse sich als theatermäßige und theatergemäße charakterisieren.

Mit der Theaterkunst im weitesten Sinn verbindet Václav Havel nicht nur die Tatsache, daß er zwei Schauspiele geschrieben hat, sondern auch und vor allem die Haltung, die ich eine schöpferisch eklektische nenne und die ich wenigstens kurz zu erläutern versuchte. Ich meine natürlich nicht den Eklektizismus der üblichen Wortbedeutung, das Irren von Stoff zu Stoff, von Stil zu Stil, jene allumfassende Amorphie, die jedweden Impuls aufnimmt, sich ihm anpaßt oder ihn gar nur variiert.

Ich meine einen Eklektizismus, der von «seiner Sache» so stark und so anhaltend eingenommen ist, daß er notwendigerweise und oftmals auch leicht und mühelos ständig neue Resonanz erweckende und gegenseitig sich ergänzende Mittel findet, diese «Sache» auszudrücken.

Echt theatermäßig und theatergemäß ist für mich Havels Auffassung auch in dem, was ich das *Appellative* nennen möchte. Je mehr und je konsequenter Havel oberflächlicher Aktualität ausweicht, desto tiefer und universeller ist die *Aufforderung*, die von einer jeden seiner Arbeiten ausgeht.

Diese Aufforderung ist weder Belehrung noch ephemere Anspielung, noch Predigt, noch Idealismus – sie ist einzig und allein Betonung der Analyse – durch die Art, mit der sie zu Ende geführt wird, um das *Dialogische* des Stoffs aufzudecken; die Aufforderung zum Gespräch, dem man nicht entrinnt. Ich weiß nicht, ob Havels Theater – im weiteren Sinn auch Theatermäßigkeit – in den Bereich der sogenannten absurden Kunst gehört. Wenn ja, dann in seiner eigenen Begriffsbestimmung.

Havels Arbeiten sind, am stärksten wiederum in seinen Stücken, konstruierte Begebenheiten, die auf den ersten Blick unreal wirken, also, wenn man so will, erdacht und künstlich. Doch ihre «Erdachtheit» und «Künstlichkeit» haben nichts gemein mit Mondscheinromantik oder zügelloser *craziness*, in denen sich alles nach Gesetz beziehungsweise Gesetzlosigkeit der Phantasie abspielt, und die die Menschen oft genug zwingt, auf den Händen zu laufen, nur damit sie nicht konventionellerweise auf den Füßen gehen.

Die künstliche Konstruktion der Havelschen Welt setzt sich jedoch aus realen, überall existenten, ja sogar banal alltäglichen Elementen zusammen; und ebenso real, sagen wir ruhig «logisch», ist die Methode, mit der diese Elemente zu einem Ganzen zusammengefügt werden.

Die Begebenheit mit der künstlichen Sprache, wie sie in der ‹Benachrichtigung› vorgeführt wird, hat sich nirgendwo ereignet und wird sich auch nirgendwo ereignen. Doch die Glaubwürdigkeit des Materials des Dramatikers und die Folgerichtigkeit seiner Komposition überzeugen uns, daß so etwas jederzeit vorkommen *könnte*. Hatten wir es ursprünglich auch nicht glauben wollen: der Dramatiker führte uns auf eine Ebene, wo seine Argumentation unschlagbar ist.

Die Welt in Havels dramatischen und konkret-poetischen Arbeiten ist eine *hypothetische*, also eine mögliche Welt.

Die Möglichkeit, die uns der Autor auf diese Weise demonstriert, ist nicht angenehm und rosig, sie ist von Übel und, so darf man sagen, durch und durch negativ. Ihr Held ist nicht der Protagonist, sondern der Antagonist: der Geist, der stets verneint. Dieser Geist hat nach dem Willen des Autors alles Übel der Welt zusammengesammelt, um uns den jederzeit möglichen Untergang vor Augen zu führen: er hat seine Wahrheit vor uns aufgestellt. Doch er erwartet, ebenfalls aus dem Willen des Autors, daß wir uns gegen diese Wahrheit – die neben uns, um uns, in uns ist – auflehnen.

Der Geist ist es, der das Dialogische des Stoffs aufdeckte und uns in der Rolle des *advocatus diaboli* zur Diskussion auffordert: er provoziert unseren Standpunkt, unsere Aktivität, unsere Phantasie und unseren Intellekt.

Ich fürchte, diese Sätze klingen überspitzt; vielleicht bringen sie uns sogar in den Verdacht, dem Autor zu unterstellen, daß er das normale Publikum um den Hauptgenuß bringen will, dessentwegen es – zugegebener- oder nicht zugegebenermaßen – seine Vorstellung besucht: wegen der Unterhaltung und des Spiels.

Doch der Verdacht ist unbegründet.

Nicht ein Spiel, in dem alles ohne uns und für uns geschieht, ist vollkommen, sondern vielmehr ein Spiel, das unsere Erfindergabe und unsere Teilnahme erfordert. Die Geste des Kindes, das nach einer halben Stunde sein technisches Wunderspielzeug überdrüssig wegwirft, um sich wochenlang auf dem Sandhaufen mit zwei Hölzern zu vergnügen, diese Geste begleitet uns unser Leben lang, soweit dieses noch Leben und nicht Sichüberleben ist. Der Reichtum zweier Hölzer und eines Sandhaufens beruht nicht in dem, was sie sind, sondern in dem, was sie nicht sind und was wir aus ihnen machen. Indem sie unsere Aktivität herausfordern und selbst veränderbar bleiben, ermöglichen sie den Dialog und bieten uns Gelegenheit zur Selbstverwirklichung.

Havels Arbeiten drängen uns nicht nur, sie verführen uns geradezu durch ihre Spiellust, aktiv zu werden bei den Problemen, die uns direkt und schicksalhaft betreffen.

Es freute mich am meisten, daß Zuschauer nach der Aufführung der ‹*Benachrichtigung*› sagten, sie hätten lachen müssen, gleichzeitig aber seien ihnen kalte Schauer über den Rücken gelaufen. Das ist, glaube ich, die beste Zuschauersituation, denn Lachen und Frösteln, die Verbindung von «Spiel» und «tieferer Bedeutung» bietet die günstigste Voraussetzung für den wahren Dialog, welcher den Menschen für den Menschen und den Menschen für die Welt öffnet.

Prag, November 1965   *Jan Grossman*

Das Gartenfest

Spiel

Die Besetzung der Uraufführung von ‹Zahradní slavnost› in Prag im Theater am Geländer am 3. Dezember 1963

HUGO PLUDKA	Václav Sloup
OLDŘICHA PLUDKA	Oldřich Velen
BOŽENU PLUDKOVOU	Helena Lehká
PETRA PLUDKA	Jaroslav Vízner
AMÁLKU	Zuzana Stivínová
LIKVIDAČNI TAJEMNICI	Marie Málková
LIKVIDAČNÍHO TAJEMNÍKA	Václav Mareš
FERDU PLZÁKA, *Zahajovače*	Zdeněk Procházka
ŘEDITELE ZAHAJOVAČSKÉ SLUŽBY	Jan Libíček

Bühnenbild:	Josef Svoboda
Regie:	Otomar Krejča

Die Besetzung der deutschsprachigen Erstaufführung von ‹Das Gartenfest› in Berlin in der Werkstatt des Schiller-Theaters am 2. Oktober 1964

HUGO PLUDEK	Stefan Wigger
OLDRICH PLUDEK, *sein Vater*	Hans Madin
BOZENA PLUDEK, *seine Mutter*	Lu Säuberlich
PETER PLUDEK, *sein Bruder*	Ralf Schermuly
AMALKA	Helga Röske
SEKRETÄRIN DES AMTES FÜR AUFLÖSUNG	Sibylle Gilles
SEKRETÄR DES AMTES FÜR AUFLÖSUNG	Friedrich Siemers
PLZAK, *Abteilungsleiter beim Eröffnungsdienst*	Lothar Blumhagen
DIREKTOR DES ERÖFFNUNGSDIENSTES	Günther Flesch

Bühnenbild:	H. W. Lenneweit
Regie:	Hansjörg Utzerath

Personen

Hugo

Pludek

Frau Pludek

Peter

Amalka

Plzak

Sekretär

Sekretärin

Direktor

Erster Aufzug

Wohnung der Pludeks. Anwesend sind Pludek, Frau Pludek und Hugo. Hugo spielt Schach mit sich selbst: macht einen Zug, geht auf die andere Seite, denkt nach, macht wieder einen Zug usw. Die Pludeks erwarten Besuch.

FRAU PLUDEK: Sei mal still, Oldo! Hat es nicht geklingelt?

PLUDEK: Nein. *Zu Hugo:* Lieber Sohn! *Zu Frau Pludek:* Soll ich?

FRAU PLUDEK: Wie spät ist es?

PLUDEK: Zwölf.

FRAU PLUDEK: Schon? Du mußt!

PLUDEK: Lieber Sohn!

HUGO *zieht*: Schach! *Geht auf die andere Seite.*

   Peter tritt auf.

PLUDEK: Spielst du?

HUGO: Ja, Papa.

PLUDEK: Und wie steht es?

HUGO: Schlecht, Papa, schlecht.

FRAU PLUDEK: Peter, kannst du nicht für einige Minuten in den Keller gehen?

   Peter ab.

   Jeden Augenblick kann Kalabis kommen, das würde uns gerade noch fehlen, daß er Peter begegnet! Alle sagen, Peter sieht aus wie ein Intellektueller – du hast es doch nicht nötig, dich seinetwegen unglücklich zu machen.

PLUDEK: Recht hast du, Bozka! Verdammt noch mal, ich stamme von armen Bauern ab! Mein Großvater hatte sechs Söhne – das sind fünf arme Onkel!

FRAU PLUDEK: Peter ist das schwarze Schaf in der Familie!

PLUDEK: Der schwarze Peter. Lieber Sohn, Kern eines Volkes ist der Mittelstand, und warum? Kein Bienchen baut sein Nest allein! Onkel Jaros wollte Goldschmied werden, und er wurde es. Bald kommst du aus der Schule. Hast du dich schon mal gefragt, was aus dir werden soll?

HUGO: Nein, Papa.

PLUDEK: Hast du das gehört, Bozena?

FRAU PLUDEK: Sei mal still, Oldo! Hat es nicht geklingelt?

PLUDEK: Nein.

FRAU PLUDEK: Hör mal zu, Oldrich –

Hugo zieht und geht auf die andere Seite.

Also, Hugo, wie steht es?

HUGO: Gut, Mama.

PLUDEK: Wieso?

FRAU PLUDEK: Wie spät ist es?

PLUDEK: Eins.

FRAU PLUDEK: Er müßte längst hier sein...

PLUDEK: Wahrscheinlich hat er sich verspätet.

FRAU PLUDEK: Wieso verspätet?

PLUDEK: Vielleicht hat er irgend jemand getroffen.

FRAU PLUDEK: Aber wen denn?

PLUDEK: Einen Kriegskameraden –

FRAU PLUDEK: Du hast doch gesagt, er war nicht im Krieg!

PLUDEK: Siehst du! Dann kommt er bestimmt! Soll ich?

FRAU PLUDEK: Ich meine, du mußt!

PLUDEK: Lieber Sohn! Kern eines Volkes ist der Mittelstand, und warum? Wer um ein Mückensieb streitet, führt die Braut nicht heim! Onkel Jaros sagte immer, das Leben ist ein Buch voll leerer Seiten. Weißt du, was du hineinschreiben wirst?

HUGO: Nein, Papa.

PLUDEK: Hast du das gehört, Bozena?

FRAU PLUDEK: Sei mal still, Oldo! Hat es nicht geklingelt?

PLUDEK: Nein! Lieber Sohn! Soll ich?

FRAU PLUDEK: Wie spät ist es?

PLUDEK: Zwei.

FRAU PLUDEK: Schon? Du mußt!

PLUDEK: Lieber Sohn!

HUGO: Schach!

Peter kommt die Kellertreppe herauf.

PLUDEK: Spielst du?

HUGO: Ja, Papa.

PLUDEK: Und wie steht es?

Hugo: Schlecht, Papa, schlecht.

Frau Pludek: Peter, kannst du nicht für ein paar Minuten auf den Speicher gehen?

Peter geht.

Wenn er nur ein Intellektueller wäre, hol's der Teufel, Intellektuelle sind ja heute beinahe wieder erlaubt. Und ausgerechnet jetzt muß ihm einfallen, ein bürgerlicher Intellektueller zu werden.

Pludek: Als ob er's mit Absicht täte. Lieber Sohn! Nicht einmal die Koliner Husaren gehen ohne Sporen in den Wald! Onkel Jaros dachte an seine Zukunft – er lernte und lernte. Hast du schon an deine Zukunft gedacht?

Hugo: Nein, Papa.

Pludek: Wieso?

Hugo: Ich habe gelernt, Papa.

Pludek: Hast du das gehört, Bozena?

Frau Pludek: Sei mal still, Oldo! Hat es nicht geklingelt?

Pludek: Nein!

Frau Pludek: Hör mal zu, Oldrich –

Hugo zieht und geht auf die andere Seite.

Also, Hugo, wie steht es?

Hugo: Gut, Mama.

Pludek: Wieso?

Frau Pludek: Wie spät ist es?

Pludek: Drei.

Frau Pludek: Er müßte längst hier sein.

Pludek: Wahrscheinlich hat er sich verspätet.

Frau Pludek: Wieso verspätet?

Pludek: Vielleicht hat er irgend jemand getroffen.

Frau Pludek: Aber wen denn?

Pludek: Einen Jugendfreund –

Frau Pludek: Aber du weißt doch, er hatte keine Jugend!

Pludek: Jugend hatte er keine, aber Freunde in der Jugend! Ich selbst bin doch sein Jugendfreund.

Frau Pludek: Dich kann er ja nicht getroffen haben.

Pludek: Siehst du! Dann kommt er bestimmt! Soll ich?

Frau Pludek: Ich meine, du mußt!

PLUDEK: Lieber Sohn! Wer weiß, wo die Hummel ihren Stachel hat, dem sind die Hosen nie zu kurz! Wer bei Onkel Jaros anklopft, dem wird aufgetan! Grundlage des Lebens ist dein Standpunkt dem Leben gegenüber. Glaubst du, daß den jemand anderer für dich haben kann?

HUGO: Ja, Papa. Onkel Jaros. *Zieht*. Schach! *Geht*.

PLUDEK: Hast du das gehört, Bozena?

FRAU PLUDEK: Sei mal still, Oldo! Lieber Hugo – du kannst das Butterfäßchen nicht ohne Quirl vergraben! Deshalb hat dein Papa für heute – nun – frage deinen Papa, wen er wohl für heute eingeladen hat!

HUGO: Papa, wen hast du wohl für heute eingeladen?

PLUDEK: Den Kollegen Kalabis! Nun – frage deine Mama, wer das ist, der Kollege Kalabis.

HUGO: Mama, wer ist das, der Kollege Kalabis?

FRAU PLUDEK: Ein ehemaliger Schulkamerad von deinem Papa! Nun – frage deinen Papa, was er mit dem Kollegen Kalabis als Junge angestellt hat!

HUGO: Papa, was hast du mit dem Kollegen Kalabis als Junge angestellt?

PLUDEK: Wir haben Fenster eingeschlagen!

FRAU PLUDEK: Den reichen Bauern!

PLUDEK: Ja – und frage deine Mama, was der Kollege Kalabis heute ist!

HUGO: Mama, was ist der Kollege Kalabis heute?

FRAU PLUDEK: Stellvertreter! Und dein Papa hat ihn eingeladen –

PLUDEK: Damit er mit dir Schach spielt –

FRAU PLUDEK: Und bei dieser Gelegenheit –

PLUDEK: Dir Ratschläge gibt –

FRAU PLUDEK: Rein informativ –

PLUDEK: Wie du –

FRAU PLUDEK: Irgendwie –

PLUDEK: Im Leben –

FRAU PLUDEK: Verstehst du? Kein Bienchen geht ohne Sporen in den Wald!

PLUDEK: Oder hast du schon mal gesehen, daß die Koliner Husaren ihr Nest allein bauen?

HUGO: Habe ich nicht gesehen, Papa.

PLUDEK: Na siehst du. Hat es nicht geklingelt?

FRAU PLUDEK: Nein.

Hugo zieht und geht auf die andere Seite.

Und wie steht es?

HUGO: Ausgezeichnet, Mama! *Zieht.* Matt!

PLUDEK: Verloren?

HUGO: Nein, gewonnen.

FRAU PLUDEK: Gewonnen?

HUGO: Nein, verloren.

PLUDEK: Gewonnen oder verloren?

HUGO: Hier gewonnen und hier verloren.

FRAU PLUDEK: Wenn du hier gewinnst, verlierst du hier?

HUGO: Wenn ich hier verliere, gewinne ich hier.

PLUDEK: Verstehst du, Bozka? Ehe er eine Partie ganz gewinnt und die andere Partie ganz verliert, ist es besser, eine Partie gleichzeitig ein bißchen zu gewinnen und ein bißchen zu verlieren.

FRAU PLUDEK: So ein Spieler geht nie verloren!

PLUDEK: Jawohl! Einen Frosch kannst du nicht ohne Schenkel braten! Und warum? Wenn in der Geschichte verschiedene Gesellschaftsschichten ihre historische Position verändern, übersteht das lediglich der Mittelstand, weil er außerhalb der Veränderungen steht und somit die einzige wirklich beständige historische Kraft ist. Und gerade deshalb, lieber Sohn, ist der Mittelstand der rote Faden der Geschichte und macht sie erst zur Geschichte. Und die bedeutendsten Epochen der Geschichte sind jene, die sich auf den Mittelstand stützen. Keine Epoche kann ohne Mittelstand existieren, während der Mittelstand im Gegenteil unabhängig von allen Epochen existieren kann. Und sogar ohne sie! Oder glaubst du, daß du Krähen schießen kannst, während du am Herd deine Suppe rührst? Na siehst du! Und das einzige Land...

FRAU PLUDEK: Wie spät ist es?

PLUDEK: Und das einzige Land, das keinen Mittelstand braucht, ist China...

FRAU PLUDEK: Wie spät ist es?

PLUDEK: Und das einzige Land, das keinen Mittelstand braucht,
ist China, weil es sowieso genug Chinesen gibt...

FRAU PLUDEK: Wie spät ist es?

PLUDEK: Und das einzige Land, das keinen Mittelstand braucht,
ist China, weil es sowieso genug Chinesen gibt, auch ohne
Mittelstand. Übrigens China...

FRAU PLUDEK: Wie spät ist es?

PLUDEK: Übrigens China...

FRAU PLUDEK: Um wieviel Uhr sollte er kommen?

PLUDEK: Um zwölf. Übrigens China — was wollte ich eigentlich
über China sagen?

HUGO: Du wolltest eigentlich sagen, falls wir die Aufgabe des
Mittelstands nicht rechtzeitig erkennen, kommen die Chinesen, die keinen Mittelstand brauchen, und verdrängen ihn aus
der Geschichte, indem sie ihn nach China schicken.

FRAU PLUDEK: Um zwölf? Und was tun wir, wenn er nicht
kommt?

PLUDEK: Richtig, Hugo. Sei nicht untätig! Wünsche dir nicht,
daß du diesen schrecklichen Tag jemals erlebst!

BEIDE PLUDEKS: Wenn er nicht kommt, kommt ein anderer!
Pause.

FRAU PLUDEK: Niemand kommt.
Es klingelt.
Niemand schreibt! Niemand ruft an! Wir sind allein! Allein
auf der ganzen Welt.

HUGO: Und Chinesen gibt es immer mehr. – Hat es nicht geklingelt?

FRAU PLUDEK: Nein.
Peter kommt die Speichertreppe herab.
Peter, in die Speisekammer! Kalabis ist da!
Peter ab in die Speisekammer.
Amalka kommt die Kellertreppe herauf.

PLUDEK: Was wollen Sie hier?

AMALKA: Hier ist ein Telegramm für Sie abgegeben worden.

PLUDEK: Ein Telegramm? Lesen Sie vor!

AMALKA: KOMMEN HEUTE UNMÖGLICH, DA TEILNAHME BEI
GARTENFEST DES AMTES FÜR AUFLÖSUNG ERFORDER-

LICH. Haben Sie das, Anicka? Oh, ist Ihnen vielleicht kalt? Warum denn jetzt nicht? Na gut, aber um halb acht dann bestimmt. HOFFE WIEDERSEHEN BALDMÖGLICHST. Donnerwetter! Sie haben darin eine tolle Figur! Ach, Frau Kanturkova ist doch längst zu Hause. Wollen Sie nicht am Sonntag mit mir zusammen in die Blaubeeren fahren? GRÜSSE. Na, na, stellen Sie sich doch nicht so an. FRANTA KALABIS.

PLUDEK: Er kommt nicht! Das ist unser Ende! Bozka, niemand hat uns gern! *Zieht Jackett und Schlips aus.*

FRAU PLUDEK: Werde nicht gleich hysterisch, Oldrich! Wenn er nicht zum Hugo kommt, kommt der Hugo zu ihm. *Räumt Kaffeegeschirr und Kuchen ab.*

PLUDEK: Wohin denn?

FRAU PLUDEK: Zum Gartenfest!

PLUDEK: Auf, zum Gartenfest! Hugo, Schlips und Kragen!

AMALKA: Also, ich geh jetzt wieder – also, auf Wiedersehen – *Sie zögert, bleibt stehen.*

FRAU PLUDEK: Geh jetzt, Mädchen! Ich habe noch viel kleiner angefangen als du!

AMALKA: Das waren auch andere Zeiten, Madam! Grüß Gott! *Sie geht ab, die Kellertreppe hinunter.*

PLUDEK: Ich hoffe, Hugo nimmt sich vor ihr in acht!

FRAU PLUDEK: Hast du vergessen, Oldrich, daß sie die Tochter des Hausmeisters ist?

PLUDEK: Um so mehr!

FRAU PLUDEK: Hast du vergessen, Oldrich, in welcher Zeit wir leben?

PLUDEK: Gleich morgen geht Hugo mit ihr spazieren!

FRAU PLUDEK: Also, Hugo: Schlips und Kragen und auf zum Gartenfest!

HUGO: Ich muß die Gegenpartie spielen! *Er nimmt am Schachtisch Platz und stellt die Figuren wieder auf.*

PLUDEK: Hast du das gehört, Bozka? Ich habe die Maus so lange gefüttert, bis mir der Löffel ins Gras fiel. Wenn das Onkel Jaros hören würde! Gegenpartie! Wenn es um das Schicksal eines Menschen geht! Um die Zukunft der Familie!

FRAU PLUDEK: Hugo, dein Vater redet von der Familie, und du stehst nicht einmal auf!

PLUDEK: Wo denkst du hin? Die Zeiten sind vorbei, als sie noch aufstanden! Damals waren beide noch klein – spielten im Gras – lasen Gedichtchen – fingen Schmetterlinge – wir legten sie trocken wie unsere Augäpfel – sparten sie uns vom Mund ab –

FRAU PLUDEK: Sei mal still, Oldo! Hugo! Das Leben ist eine große Schachpartie! Sagt die das nichts?

HUGO: Sagt mir was, Mama. *Er steht auf.* Du kannst das Butterfaß nicht ohne Quirl vergraben! Schlips und Kragen!

Pludek und Frau Pludek küssen Hugo bewegt, während Hugo sich anzieht.

FRAU PLUDEK: Unser kleines Dummerchen!

PLUDEK: Lieber Sohn! Das Leben ist ein Kampf, und du bist ein armes Würstchen! Gehst du nicht unter, gehe ich nicht unter – verrätst du, verrate ich – wirst du sein, werde ich sein: du bist mein Sohn. Wer die Kuh nicht melkt, bekommt keine Milch, und wer keinen Verstand hat, muß sich welchen kaufen. Du bist ein Pludek. Geh mit Gott! Oder –

Hugo geht ab.

Peter kommt aus der Speisekammer.

Alle sehen Hugo ergriffen nach.

FRAU PLUDEK: Es war wunderschön, aber leider hat alles einmal ein Ende. Kuß, Taschentuch, Glockenläuten – wird er wiederkommen, Oldo? Bestimmt, er wird wiederkommen und leise sagen: Mütterlein, wie ist's so schön, daheim zu sein!

PLUDEK *singt:* Heute muß ich fort von hier...

Pludek und Frau Pludek beginnen sich auszukleiden, um ins Bett zu gehen.

FRAU PLUDEK: Oldrich –

PLUDEK: Was ist?

FRAU PLUDEK: Erinnerst du dich noch an den Sommer in Luhacovice? Was hatten wir damals für verrückte Pläne! Du wolltest studieren – organisieren – leiten – Peter, gehst du schon wieder? Hältst du es nicht mal einen Augenblick bei deiner Familie aus?

Peter schleicht die Kellertreppe hinunter.
Oldo, wir müssen uns aufraffen – verstehst du: loslösen von
der Erde – Flügel bekommen – einfach leben! Ja, leben – le-
ben –, wir wollen ein neues Leben beginnen, ein besseres!
PLUDEK: Futter ist Futter und Erbsen sind Erbsen... Ein neues
Leben? Verdammt noch mal, das wäre möglich!

Dunkel

Zweiter Aufzug

Eingang zum Garten, in dem das Gartenfest des Amtes für Auf-
lösung stattfindet. An einem Tischchen mit Akten, Stempeln und
ähnlichem sitzen Sekretär und Sekretärin, die hier den Ord-
nungsdienst verrichten. Hugo kommt.

HUGO: Guten Tag. Futter ist Futter und Erbsen sind Erbsen. Ist
der Kollege Kalabis hier?

SEKRETÄR: Kalabis Josef, geboren 2. Januar 1940, Kalabis
Václav, geboren 18. Juni 1891, oder Kalabis Frantisek, geboren 4. August 1919?

SEKRETÄRIN: Kalabis Frantisek, geboren 4. August 1919, ist
entschuldigt. Er spricht heute abend in einer Versammlung
der Hausbewohner über die Zukunft des Volkes.

SEKRETÄR: Wollen Sie nicht Schlips und Kragen ablegen?

SEKRETÄRIN: Sie befinden sich am Haupteingang B 13. Sie können sich hier eine Sammelkarte kaufen, die dazu berechtigt,
sich auf dem gesamten Gartengelände frei zu bewegen und an
fast allen Veranstaltungen im Rahmen des Gartenfestes des
Amtes für Auflösung teilzunehmen –

SEKRETÄR: So zum Beispiel an einer zwanglosen Unterhaltung
mit dem Vorstand der Entwicklungsabteilung über neue Auf-
lösungsmethoden, veranstaltet im Gelände am kleinen
Teich –

SEKRETÄRIN: – dem Unterhaltungsquiz aus der Geschichte des
Auflösungsamtes, veranstaltet im Gartenhaus römisch drei –

SEKRETÄR: – oder dem Erzählen lustiger Begebenheiten aus der
Auflösungspraxis der Abteilung fünf, die der Vorstand von
Abteilung fünf notiert hat und zum besten geben wird…

SEKRETÄRIN: …und an der Sie sich beteiligen können, sofern Sie
den genauen Text Ihrer Arbeit, versehen mit einem ärztlichen
Attest, spätestens zwei Monate vor dem Datum des Gartenfestes beim Sekretariat für Humor und bei der Kommission
für Regulierung von Gedankengut eingereicht haben.

SEKRETÄR: Wenn Sie sich eine Bewilligung des Organisationsausschusses besorgt haben, dürfen Sie auch ein wenig tan-
zen, und zwar auf dem Großen Parkett A zwischen halb
zwölf und zwölf oder auch zwischen Viertel vor eins und
halb zwei. Vorher ist das Große Parkett nämlich der Metho-
dischen Auflösungssektion vorbehalten, dazwischen der
Auflösungsvolkskommission und hinterher der Delimitations-Subkommission.

SEKRETÄRIN: Sollten Sie verschiedene Scherzartikel, wie Pa-
pierhütchen, lustige Pappnasen und dergleichen benutzen
wollen, können Sie diese durch den Sekretär Ihrer Sektion in
der Sektion Ladenverkauf bekommen und sich im Umkreis
des Kleinen Parketts C damit belustigen.

SEKRETÄR: Allerdings müssen Sie sich in die Schlange einrei-
hen, die schon seit dem frühen Morgen vor dem Kleinen
Parkett C steht und durch die begrenzten räumlichen Möglichkeiten des Kleinen Parketts C leider Gottes dazu gezwungen ist zuzusehen, wie sich die Belustigung mit verschiedenen
Scherzartikeln eines großen Zuspruchs erfreut.

SEKRETÄRIN: Je disziplinierter Sie sich anstellen, desto eher
sind Sie an der Reihe –

HUGO: Entschuldigen Sie, aber Kleines Parkett C ist offensichtlich kleiner als Großes Parkett A. Warum also nicht die Belustigung mit den verschiedenen Scherzartikeln ins Große
Parkett A verlegen, dafür den Tanz der Sektion ins Kleine
Parkett C? Schach!

*Sekretär und Sekretärin schauen sich mehrfach vielsagend
an.*

SEKRETÄRIN: Auf den ersten Blick hat das Logik –

SEKRETÄR: Leider Gottes nur formal –

SEKRETÄRIN: Und eigentlich zeugt der Inhalt Ihres Vorschlags
von Unkenntnis gewisser grundlegender Prinzipien.

SEKRETÄR: Es sei denn, Sie wollen, daß der offizielle Ablauf des
Gartenfestes durch irgendwelche dadaistischen Scherze ge-
stört wird, zu denen es bestimmt kommt, wenn ein so bedeu-
tender Knotenpunkt wie das Große Parkett A für unverbind-
liche Intellektualismen geöffnet wird.

SEKRETÄRIN: Und schließlich, woraus folgern Sie, daß das Große Parkett A größer ist als das Kleine Parkett C? Warum sich ständig etwas vormachen?

SEKRETÄR: Die Kollegen des Organisationsausschusses haben sicherlich ganz genau gewußt, warum sie die Unterhaltung mit den verschiedenen Scherzartikeln auf den Raum des Kleinen Parketts C beschränkten!

SEKRETÄRIN: Oder haben Sie vielleicht kein Vertrauen zu den Beschlüssen des Organisationsausschusses?

SEKRETÄR: Gebildet aus den Spitzenkräften des Amtes für Auflösung?

SEKRETÄRIN: Alten, erfahrenen Kollegen, die schon hingebungsvoll aufgelöst haben, als Sie noch gar nicht auf der Welt waren?

SEKRETÄR: Unter Bedingungen, von denen Ihre Generation nicht die geringste Ahnung hat?

Hugo verbeugt sich und geht. Als er Plzaks Stimme hört, bleibt er stehen. Dann setzt er sich auf einen Gartenstuhl, um der Unterhaltung zuzuhören. Plzak kommt durch das Gartentor und «verbreitet eine zwanglose Atmosphäre».

PLZAK: Na, was gibt's Neues am Eingang? Amüsiert ihr euch? Macht die Unterhaltung Fortschritte? Das Gartenfest ist für alle da!

SEKRETÄR: Macht Fortschritte –

SEKRETÄRIN: – Fortschritte –

PLZAK: Das ist hübsch! Überhaupt ist es so irgendwie hübsch, daß ihr gekommen seid, daß ihr hier Dienst tut – setzt euch zwischendurch ruhig hin – macht es euch bequem – entspannt euch – legt meinetwegen ab – zieht die Schuhe aus – ihr seid doch, verdammt noch mal, so irgendwie unter euch! Na – wie hat euch meine Eröffnung gefallen? Gut, was? – Wißt ihr – ich habe dafür so irgendwie den einfachen menschlichen Ton genommen, um das hier ein wenig in Schwung zu bringen! Ich habe ihn mir allerdings nicht ausgesucht – er ist mir einfach schon so irgendwie gegeben. Ich ertrage nämlich keine Phrasen und Überspitzungen und bin gegen jedes leere Gerede. Das kommt so irgendwie schon aus meiner Veranlagung: ich

bin nämlich alles in allem ein ganz gewöhnlicher Mensch aus Fleisch und Blut – einfach, wie man sagt, einer von euch! Falls ihr etwas zu essen mithabt, eßt ruhig! Wir wollen doch nicht formell sein, ihr wißt, daß mir faktisch nichts Menschliches fremd ist! Wirklich nichts – Hauptsache, daß es mir gelungen ist, unter euch so eine freundschaftliche, zwanglose Atmosphäre zu schaffen – ich bin eben so einer –, wo ich hinkomme, gibt's 'ne Menge Spaß – Na gut, das Amt für Auflösung ist eine notwendige Institution mit einem komplizierten und weitreichenden administrativen System, und trotzdem bewegt ihr euch manchmal ein bißchen zum Bürokratismus hin, leider Gottes. Einzelne Kräfte sind bereits darauf aufmerksam geworden, es drang bis nach oben. Und das Ergebnis ist so irgendwie das heutige Gartenfest. Habt keine Angst, zunächst geht es tatsächlich um nichts anderes, als daß ihr euch in der ersten Phase so irgendwie zur Gestaltung einer schönen, warmen, menschlichen Beziehung untereinander so irgendwie menschlich freimacht, mit dem Ergebnis, auf dieser Basis in die Sache so irgendwie frischen Wind zu bringen. Denn, Kinder, so irgendwie lebt ihr ja faktisch nicht wie Menschen, faktisch. Ihr wißt, daß ein Weib auf dem Mond schwanger werden kann, wenn es einen Monat auf Urlaub fährt? Stammen wir nicht alle von einer Mutter ab? Also, ich muß jetzt gehen, will mal nachsehen, ob die Unterhaltung im Garten Fortschritte macht. Macht mal inzwischen so irgendwie ohne mich weiter. *Plzak entfernt sich.*
Lange Pause.
Sekretär und Sekretärin machen es sich bequem: Sie ziehen die Schuhe aus und legen die Beine auf Gartenstühle. Die Sekretärin ißt ihr Frühstück.
SEKRETÄR: Also, wie geht's zu Hause? Was machen die Kinder? Ärger? Ärger? Ärger?
SEKRETÄRIN: Nein, im Gegenteil. Ich hab keine Kinder – hab keine –
SEKRETÄR: Ach was? Ach was? Sie sind nicht verheiratet?
SEKRETÄRIN: Nein, ich bin nicht – bin nicht – und Sie?
SEKRETÄR: Gar nicht – gar nicht –

SEKRETÄRIN: Und was machen die Kinder? Was machen die Kinder?

SEKRETÄR: Aber Sie wissen doch – Ärger – Ärger –
Pause.

SEKRETÄRIN: Hören Sie – Großes Parkett A – Wenn wir es mit Abstand betrachten –

SEKRETÄR: Was?

SEKRETÄRIN: Unter Umständen ist es tatsächlich –

SEKRETÄR: Was?

SEKRETÄRIN: Größer als Kleines Parkett C –

SEKRETÄR: In den neuen historischen Situationen bestimmt.

SEKRETÄRIN: Man hat uns das verheimlicht, wie?

SEKRETÄR: Scheuen wir uns nicht, jetzt offen zu reden: wenn wir die Belustigung mit den verschiedenen Scherzartikeln ins Große Parkett A verlegen, geben wir damit weitaus mehr Teilnehmern die Möglichkeit, sich zu unterhalten! Heute brauchen wir die verschiedenen Scherzartikel nicht mehr zu fürchten!

SEKRETÄRIN: Ist das nicht wieder eine Falle?

SEKRETÄR: Aber Kollegin!

SEKRETÄRIN: Entschuldigen Sie! Großes Parkett A ist tatsächlich groß! Ich bewundere den Mut, mit dem uns das enthüllt wurde! Also, wie geht's zu Hause? Was machen die Kinder? Ärger? Ärger?

HUGO: Entschuldigen Sie! Soviel mal Großes Parkett A größer ist als Kleines Parkett C, soviel mal mehr Teilnehmer können sich darin gleichzeitig mit Pappnasen belustigen! Wer die Pilze im Topf hat, muß nicht in den Wald und welche suchen! Schach!

SEKRETÄR: Na und? Derartige Tatsachen auszusprechen ist doch heute keine Heldentat mehr! Begreifen Sie denn nicht, daß wir eine längst durchgekämpfte Wahrheit, nämlich daß Großes Parkett A tatsächlich groß ist, nicht sinnlos zerreden wollen. Wir ersetzen doch damit lediglich eine Phrase durch die andere! Nein, nein! Worum es heute geht, sind Taten, nicht Worte!

SEKRETÄRIN: Genau das wollte ich vorhin – faktisch!
Hugo verbeugt sich und wird wieder von Plzak aufgehalten.

PLZAK: Na, was gibt's Neues am Eingang? Amüsiert ihr euch? Macht die Unterhaltung Fortschritte? Das Gartenfest ist für alle da!

SEKRETÄRIN: Macht Fortschritte –

SEKRETÄR: – Fortschritte –

PLZAK: Das ist hübsch! Ich habe euch mit meiner Eröffnung den richtigen Ton angegeben! Und wie könnte es auch anders sein – ich bin doch, verdammt noch mal, kein Anfänger im Eröffnen!

SEKRETÄR: Eröffnen Sie oft?

PLZAK: Ohne Frage! So irgendwie ist das doch mein Beruf! Bin doch Fachmann im Eröffnen von Geselligkeiten, Konferenzen und Festlichkeiten, ich arbeite beim Eröffnungsdienst, Abteilung O 2!

SEKRETÄR: Als Sie das Wort ergriffen, erkannten wir gleich, daß Sie ein Fachmann im Worteergreifen sind!

PLZAK: Ich verfüge über eine vieljährige Eröffnungspraxis, und Gartenfeste sind meine Spezialität! Allerdings eröffne ich so irgendwie aus einer menschlichen Notwendigkeit heraus, nicht nur, weil es mein Beruf ist!

SEKRETÄRIN: Und sind alle Eröffner so wie Sie?

PLZAK: Leider Gottes nicht. Es gibt unter uns im Eröffnungsdienst zwei Lager: die alten dogmatischen Phrasendrescher und uns junge mit Sinn für Humor. Ihr seht, auch wir haben unsere internen Probleme! Dafür habt ihr dann keine. Nein, nein, noch lange nicht jeder Eröffner steht auf der Stufe, auf der man ihn haben möchte!

SEKRETÄR: Sie dagegen stehen auf der Stufe, auf der man alle haben möchte!

PLZAK: Ich bemühe mich, schwächeren Kollegen zu helfen, um ihnen einen Weg zu zeigen. Letzten Endes ist die Hauptsache, daß der Eröffnungsdienst in seiner Gesamtheit heute so irgendwie an der Spitze des Kampfes um den neuen Menschen steht.

SEKRETÄRIN: Wir müssen von Ihnen noch sehr viel lernen.

SEKRETÄR: Sehr viel.

PLZAK: Sehr viel. Habt ihr meine Broschüre gelesen: «Über den menschlichen Charakter der durch unsere Ämter veranstalteten Gartenfeste»?

SEKRETÄRIN: Ich habe es vor.

SEKRETÄR: Ich auch –

PLZAK: Na ja, Kinder, wundert euch dann nicht. Diese Sachen muß man so irgendwie studieren, das ist keine Schikane. In meinem Buch habe ich die These aufgestellt, daß jedes Gartenfest in erster Linie die Plattform für eine gesunde, menschliche und dabei disziplinierte Geselligkeit aller Beamten sein sollte. Übrigens, euer Gartenfest hat alle Voraussetzungen dafür, daß es zu einer solchen Plattform wird.

SEKRETÄRIN: Wir bedanken uns.

SEKRETÄR: Bedanken uns.

PLZAK: Ich arbeite gern für euch! Wir Eröffner haben euch, die Auflösungsbeamten, so irgendwie von Herzen gern, wie das unter Arbeitern so ist.

SEKRETÄRIN: Wir Auflösungsbeamten haben euch, die Eröffnungsbeamten, auch gern.

PLZAK: Na, seht ihr! In einer bestimmten Entwicklungsphase ist es tatsächlich ungeheuer wichtig, daß die Menschen sich gerade heraussagen, daß sie Menschen sind, so irgendwie. – Nur – die Entwicklung geht weiter, und wir dürfen uns bei so abstrakten Erklärungen nicht aufhalten. Ihr wißt doch, ich sage immer: der Mensch – lebt. Ihr müßt übrigens – scheuen wir uns nicht, es offen auszusprechen – so irgendwie leben. Das Leben, Kinder, ist nämlich eine verdammt schöne Sache. Glaubt ihr nicht auch?

SEKRETÄR: Ist es.

SEKRETÄRIN: Verdammt schön.

PLZAK: Und auch der Auflösungsbeamte hat ein Recht darauf, sich mal so richtig auszuleben – versteht ihr, sich richtig auszuleben! Er muß so irgendwelche menschlichen Fehler haben, und ihr alle müßt auch so irgendwelche Fehler haben. Ich hoffe, ihr habt Fehler – sonst würden wir uns faktisch nicht verstehen, faktisch! Mit irgendwelchen papiernen Schemata werde ich weiß Gott nicht arbeiten, ich nicht, Ehrenwort, ich nicht.

SEKRETÄRIN: Ich habe Fehler.

SEKRETÄR: Ich auch. Ich bin ordinär.

PLZAK: In welchem Sinne?

SEKRETÄR: Ich habe zu Hause ein Aktfoto.

PLZAK: So – und Sie?

SEKRETÄRIN: Ich auch.

PLZAK: Zugeben, Kinder, zugeben. Wißt ihr, ich mag diese verknöcherten Kerle nicht, die vor solchen Problemen, wie es
zum Beispiel das Gefühlsleben ist, den Kopf in den Sand
stecken. Ist denn die Liebe, verdammt noch einmal, nicht eine
notwendige Sache, wenn man sie richtig anzufassen versteht?
Anfassen, auch so was gehört doch, verdammt noch mal, so
irgendwie zur Arbeit am Menschen. Wie man bei uns zu
Hause so schön sagt, faßt du was, dann hast du was! Na, hab
ich nicht recht?

SEKRETÄRIN: Bestimmt.

SEKRETÄR: Faßt du was, dann hast du was.

PLZAK: Na schön, ich muß jetzt gehen, will mal nachsehen, ob
die Unterhaltung im Garten Fortschritte macht. Macht mal
inzwischen so irgendwie ohne mich weiter. *Geht ab.*

SEKRETÄR: Sie –

SEKRETÄRIN: Wie bitte?

SEKRETÄR: Sehen Sie mal – ein Spatz – er fliegt – das Moor blüht
– die Wiesen rauschen – die Natur –

SEKRETÄRIN: Wie bitte?

SEKRETÄR: Ich sage, die Spatzen fliegen – das Moor blüht – die
Wiesen rauschen –

SEKRETÄRIN: Ja, ja, die Natur!

SEKRETÄR: Soso. Sie haben Haare – hübsche Haare – goldene
Haare – wie Butterblumen – und die Nase – wie eine rote
Rose – respektive Vergißmeinnicht – weißen – und einen wei-
ßen Busen haben Sie –

SEKRETÄRIN: Ich weiß!

SEKRETÄR: Wie zwei – wie die zwei – zwei Brünnlein – *Pause.*
Entschuldigen Sie, Bälle – wie zwei Bälle wollte ich sagen –
entschuldigen Sie –

SEKRETÄRIN: Das ist gut –

SEKRETÄR: Und Augen haben Sie wie zwei – wie die zwei – zwei Bälle – *Pause*. – Respektive Vergißmeinnicht – sehen Sie! – Er fliegt – es rauschen – nicht das Moor – die Spatzen – die Spatzen lauschen. – Das würde mich doch interessieren, wer sich diese Aktion ausgedacht hat! Faßt du was, dann hast du was! Trottel!

SEKRETÄRIN: Kollege!

SEKRETÄR: Entschuldigen Sie, Großes Parkett A ist wirklich groß. Ich bewundere den Mut, mit dem uns das enthüllt wurde. Sehen Sie – der Spatz –

HUGO: Hätte man vor einer Stunde die Unterhaltung mit den Scherzartikeln ins Große Parkett A verlegt, wäre die Schlange schon hundert Meter kürzer. Wenn wir eine längst erkämpfte Wahrheit, nämlich, daß Großes Parkett A wirklich groß ist, bis in alle Ewigkeit wiederholen wollen, ersetzen wir lediglich eine Phrase durch die andere. Es geht jetzt um Taten, nicht um Worte. Wer in die Brennesseln schießt, vergeudet sein Pulver! Schach! *Setzt sich stolz.*

SEKRETÄRIN *setzt sich ihm gegenüber*: Dagegen muß ich energisch protestieren. Es gibt Wahrheiten, die für uns nie zu Selbstverständlichkeiten werden könnten! Und ich lasse nicht zu, daß eine Wahrheit, die uns ans Herz gewachsen ist, nämlich daß Großes Parkett A wirklich groß ist, hinterlistig bagatellisiert wird durch den Hinweis auf die angebliche Selbstverständlichkeit. Nämlich nichts ist selbstverständlich, solange es auch nur einen einzigen unter uns gibt, der uns auf überhaupt keinem Parkett sehen möchte.

SEKRETÄR: Genau das habe ich vorhin gemeint – faktisch.

Hugo verbeugt sich und geht. Wieder wird er von Plzak aufgehalten.

PLZAK: Na, was gibt's Neues am Eingang? Amüsiert ihr euch? Macht die Unterhaltung Fortschritte? Das Gartenfest ist für alle da!

SEKRETÄR: Danke schön – macht Fortschritte –

SEKRETÄRIN: Fortschritte –

PLZAK: Worüber unterhaltet ihr euch denn?

SEKRETÄR: Über die Liebe!

PLZAK: Das ist hübsch! Auch die Liebe gehört so irgendwie zum Menschen, und der heutige Mensch hat starke Gefühle, stärkere als je ein Mensch vor ihm. Gerade deshalb ist es aber heute in erhöhtem Maße notwendig, darauf zu achten, daß die Liebe nicht ausartet – in diesem Fall könnte es nämlich passieren, daß sie in den Menschen zeitweise Pessimismus erzeugt!

SEKRETÄRIN: Und der ist radikal zu beseitigen.

SEKRETÄR: Solange es nicht um konstruktiven Pessimismus geht – auch den kennen wir – und deshalb dürfen wir nicht mechanisch vorgehen, um das Kind nicht mit dem Bade auszuschütten –

SEKRETÄRIN: Sofern sich allerdings nicht unter der mit konstruktivem Pessimismus angefüllten Badewanne destruktiver Pessimismus versteckt –

SEKRETÄR: In punkto Pessimismus bin ich Optimist!

SEKRETÄRIN: Ich wiederum bin ein Feind des billigen Hurra-Optimismus!

PLZAK: Ich bin froh, daß ihr diskutiert! Heutzutage müssen wir diskutieren und dürfen dabei auch vor gegensätzlichen Ansichten nicht zurückschrecken. Jeder, dem es wirklich um unsere gemeinsame Sache geht, müßte eine bis drei gegensätzliche Ansichten haben, wie es so hübsch auf der 32. Eröffnungskonferenz hieß. Wißt ihr, daß ein Weib auf dem Mond schwanger werden kann?

SEKRETÄRIN: Wenn sie einen Monat auf Urlaub fährt –

PLZAK: Witze – Witze – nichts als Witze – warum unterhaltet ihr euch nicht zum Beispiel über Kunst? Da wäre Diskussionsstoff in Hülle und Fülle. Haben wir in der Kunst nicht noch einen ganzen Sack voll verteufelt brennender Probleme?

SEKRETÄRIN: Gerade wollte ich das Gespräch auf die Kunst bringen –

PLZAK: Kunst – damit müssen wir uns auseinandersetzen! Ich selbst habe die Kunst so irgendwie gern – ich betrachte sie als Würze des Lebens! Und unsere Zeit schreit doch direkt nach großen Dramen mit tapferen Helden – nach einer mutigen, waghalsigen Landschaftsmalerei – der moderne Zuschauer braucht ständig moderne Stücke – ständig Modernes. Die Kunst müßte ein organischer Bestandteil im Leben eines jeden von uns werden –

SEKRETÄRIN: Richtig! Gleich bei der nächsten Delimitations-Subkommission werde ich einige lyrisch-epische Verse vortragen!

HUGO: Lyrisch-epische Verse –

PLZAK: Es ist sehr gut, daß euch die Frage der Kunst am Herzen liegt, ihr dürft sie aber nicht einseitig überbewerten, damit ihr nicht einem ungesunden, dem Geist unserer Gartenfeste fremden Ästhetizismus verfallt. Als gebe es beispielsweise in der Technik nicht noch einen ganzen Sack voll verteufelt brennender Probleme.

SEKRETÄR: Gerade wollte ich das Gespräch auf die Technik bringen –

PLZAK: Technik – damit müssen wir uns auseinandersetzen! Ich behaupte nämlich, daß wir im Jahrhundert der Technik leben – Magnet – Telefon – Magnet – davon hat nicht einmal Jules Verne geträumt.

SEKRETÄR: Ich habe kürzlich «Zwanzigtausend Meilen unter dem Meer» gelesen –

PLZAK: Und wir werden demnächst noch viel tiefer unter dem Meer lesen!

SEKRETÄR: Über «Die Abenteuer des Kapitäns Hatteras» …

PLZAK: …hat er nicht die geringste Ahnung gehabt von den Fahrten unserer Kapitäne! Die Technik müßte ein organischer Bestandteil im Leben eines jeden von uns werden –

SEKRETÄR: Richtig! Gleich bei der nächsten Sitzung der Sektion für Methodische Auflösung werde ich vorschlagen, daß wir erneut über die Möglichkeiten der chemisierten Auflösungspraxis beraten!

HUGO: Chemisierte Auflösungspraxis –

PLZAK: Es ist sehr gut, daß euch die Frage der Technik am Herzen liegt, ihr dürft sie aber nicht einseitig überbewerten, damit ihr nicht einem verderblichen Technizismus verfallt, der aus dem Menschen einen mechanischen Bestandteil einer geistlos zivilisierten Welt macht. Als hätten wir beispielsweise in der

Kunst nicht noch einen ganzen Sack voll verteufelt brennender Probleme.

SEKRETÄRIN: Gerade wollte ich das Gespräch auf die Kunst bringen –

PLZAK: Kunst – damit müssen wir uns auseinandersetzen! Die Kollegen von der Kultur wissen ganz genau, warum sie eine Verordnung über das künstlerische Experiment planen. Bereits vom zweiten Quartal ab wird sie in Kraft treten.

SEKRETÄRIN: Richtig! Die Kunst muß mit gewagten formalen Experimenten provozieren – Impressionismus –

HUGO: Impressionismus –

PLZAK: Es ist sehr gut, daß euch die Frage der Kunst am Herzen liegt. Ihr solltet aber die Technik nicht unterbewerten.

SEKRETÄR: Gerade wollte ich das Gespräch auf die Technik bringen –

PLZAK: Technik – damit müssen wir uns auseinandersetzen! Die Kollegen von der Technik wissen ganz genau, warum sie die Einführung von Maschinen schon vom nächsten Quartal ab planen.

SEKRETÄR: Richtig! Die Technik muß die neuesten Entdeckungen ausnutzen – das periodische System der Elemente –

HUGO: Periodische System der Elemente –

PLZAK: Es ist sehr gut, daß euch die Frage der Technik am Herzen liegt. Ihr solltet aber die Kunst nicht unterbewerten!

SEKRETÄRIN: Kunst – damit müssen wir uns auseinandersetzen!

PLZAK: Es ist sehr gut, daß euch die Frage der Kunst am Herzen liegt –

SEKRETÄR: Ihr solltet aber die Technik nicht unterbewerten!

SEKRETÄRIN: Technik – damit müssen wir uns auseinandersetzen!

SEKRETÄR: Es ist sehr gut, daß euch die Frage der Technik am Herzen liegt –

SEKRETÄRIN: Ihr solltet aber die Kunst nicht unterbewerten!

SEKRETÄR: Kunst – damit müssen wir uns auseinandersetzen!

SEKRETÄRIN: Es ist sehr gut, daß euch die Frage der Kunst am Herzen liegt –

PLZAK: Nun aber Schluß! So können wir uns nicht verständigen.

Wenn ihr unter dem Deckmantel einer offenen Diskussion die freundschaftliche Atmosphäre torpedieren wollt, die ich glücklich unter euch hergestellt habe, und wenn ihr am Ende die Absicht habt, den Erfolg unseres Gartenfestes zu unterminieren, dann ist in diesem Kollektiv kein Platz für euch! Ich dulde hier keine Streiterei – schließlich bin ich Eröffner und nicht Beschließer. Wer hier irgendwelche Dummheiten anstellt, den werde ich eigenhändig in der Luft zerreißen. Kommt mir nicht unter die Augen, bevor ihr euch nicht menschlich nähergekommen seid! Halbstarke!
Sekretär und Sekretärin ab.

HUGO: Lyrisch-epische Verse – Chemisierung der Auflösungspraxis – Impressionismus – periodisches System – lyrisch-epische Verse – Chemisierung –

PLZAK: He, hör doch mal, was ist denn eigentlich deine Meinung so über die ganze Sache?

HUGO: Meine Meinung? *Steht auf und geht zu Plzak.* Ich? Anfangs war die Auseinandersetzung ganz interessant, später dann etwas weniger. Gewiß, schon von Anfang an hatte sie nicht den richtigen persönlichen Ton, wenn es auch bis zum Ende um ein interessantes und aktuelles Problem ging. Oder nicht? Ich weiß, man kann das Ganze von verschiedenen Blickwinkeln, Seiten und Standpunkten aus betrachten, man muß aber immer das Für und Wider bedenken – habe ich nicht recht? Beide hatten eigentlich ein bißchen recht und gleichzeitig auch ein bißchen unrecht – oder vielmehr umgekehrt: beide hatten ein bißchen unrecht und gleichzeitig auch ein bißchen recht, nicht? Ja! Nein? Ja, ich glaube auch, daß es nicht so ist, wenn ich auch nicht glaube, daß es so ist. Beide haben nämlich so irgendwie vergessen, daß sich die Kunst mit der Technik in der Zukunft so irgendwie harmonisch ergänzen wird, lyrisch-epische Verse werden bei der Chemisierung der Auflösungspraxis helfen – das periodische System hilft den Impressionismus entwickeln, auf jedem technischen Erzeugnis wird eine Fläche freigehalten, reserviert für die ästhetische Erbauung, die Schornsteine der Atomkraftwerke werden von unseren besten Landschaftsmalern bemalt werden –

«Zwanzigtausend Meilen unter dem Meer» werden Büchereien für alle zugänglich sein – Differentialgleichungen wird man in Versen niederschreiben – auf den Dächern der Zyklotrone wird man Differentialgleichungen rezitieren, so irgendwie menschlich.

PLZAK: Das hast du hübsch gesagt, so irgendwie menschlich. Und dabei bist du auf dem laufenden, du gefällst mir! Der geborene Eröffner! Also, heraus damit, seit wann machst du das nicht mehr?

HUGO: Zum Eröffnungsdienst hatte ich schon immer eine Beziehung.

PLZAK: Und wieso bist du dann bei den Auflösern hängengeblieben? Unrecht aus der Vergangenheit?

HUGO: Wo es einen eben so hinweht…

PLZAK: Oder ein Auftrag?

HUGO: Jeder hat so seinen Auftrag…

PLZAK: Sonderauftrag im Außendienst, ich verstehe! Schade – war heute nicht in Form.

HUGO: Es war gar nicht so schlecht.

PLZAK: Du bist prima. Weißt du, nicht daß ich mich mit dir verbrüdern wollte – das ist nicht meine Art –, aber ich muß dir sagen, daß du mir so irgendwie ans Herz gewachsen bist, faktisch.

HUGO: Sie sind mir dort auch angewachsen.

PLZAK: Duz mich. – Ich bin Ferda Plzak. Also!

HUGO: Du bist mir dort auch angewachsen. Pilsner!

PLZAK: Hör mal, Schätzchen, wollen wir nicht frisch von der Leber weg reden?

HUGO: So von Mensch zu Mensch, Ferda? *Er nimmt Plzaks Pappnase und setzt sie sich auf.*

PLZAK: Genau! Machst du mit?

HUGO: Na klar! Ich sag mir hier doch schon den ganzen Abend, wie prima es wäre, wenn ich mit dir so irgendwie geradeheraus reden könnte. Also, wie ist der Alte, macht er Ärger, Ärger?

PLZAK: Der Chef? Ohne Fehler ist er nicht, aber er schuftet, kannst ihn jetzt noch antreffen.

HUGO: Was, in der Nacht?

PLZAK: Was löst du eigentlich auf?

HUGO: So, daß ich gleich zu ihm gehen könnte?

PLZAK: Du willst jetzt zu ihm?

HUGO: Oder kann ich nicht?

PLZAK: Warum sollst du nicht können? Was läuft denn, was läuft denn?

HUGO: Nur so, bißchen plaudern.

PLZAK: Ich verstehe, ich will dich ja nicht ausholen.

HUGO: Hol mich ruhig aus!

PLZAK: Darf ich?

HUGO: Klar!

PLZAK: Was läuft denn, was läuft denn?

HUGO: Nur so, bißchen plaudern.

PLZAK: Verstehe, ich will dich ja nicht ausholen.

HUGO: Hol mich ruhig aus!

PLZAK: Darf ich?

HUGO: Klar!

PLZAK: Was läuft denn, was läuft denn?

HUGO: Nur so, bißchen plaudern.

PLZAK: Wir wissen doch alle, daß beim Eröffnungsdienst Fehler gemacht worden sind, Hauptsache ist, daß das Ganze so irgendwie in den Händen von Profis bleibt.

HUGO: Was meinst du, wird man mir Knüppel zwischen die Beine werfen?

PLZAK: Historische Notwendigkeit ist historische Notwendigkeit, das begreift jeder, das haben schon andere begreifen müssen.

HUGO: Im Grunde genommen bin ich ein ganz gewöhnlicher Mensch aus Fleisch und Blut, und nichts Fremdes ist mir menschlich.

PLZAK: Du wirst wenigstens mit Gefühl vorgehen – mit Verständnis für die Leute, und das ist prima.

HUGO: Ich vertrage nämlich keine Phrasen und bin entschieden gegen jedes leere Gerede.

PLZAK: Ich bin ehrlich, faktisch, du kennst mich doch, Schätzchen.

HUGO: Ich will nicht von diesen verknöcherten Kerlen sprechen, die vor brennenden Problemen den Kopf in den Sand stecken.

PLZAK: Ich habe die Wahrheit nie gefürchtet! Wenn es um die Sache geht, müssen persönliche Interessen zurückstehen.

HUGO: Da bin ich ganz deiner Meinung! Wir stammen doch irgendwie alle von einer Mutter.

PLZAK: Ganz meine Meinung! Du darfst uns aber nicht, wie man so sagt, alle in einen Topf werfen. Auch beim Auflösen muß man so irgendwie Unterschiede machen! Zum Beispiel ich –

HUGO: Schon gut! Ich bin froh, daß es mir gelungen ist, hier eine so freundschaftliche, zwanglose Atmosphäre zu schaffen – na schön, ich muß jetzt gehen! Wir haben uns ja nicht zum letztenmal gesehen, wer weiß, ob ich mich nicht schon morgen bei euch wie zu Hause fühle.

PLZAK: Mit uns wirst du schnell zurechtkommen.

HUGO: Unterhalte dich inzwischen so irgendwie ohne mich.

PLZAK: Ich versteh dich! Es ist eine stürmische Zeit – alles ist in Bewegung –

HUGO: Ruh dich doch aus –

PLZAK: Die Entwicklung überstürzt sich –

HUGO: Beruhige dich –

PLZAK: Was heute neu ist, ist morgen überholt –

HUGO: Entspann dich –

PLZAK: Wir suchen neue Wege –

HUGO: Mach es dir bequem –

PLZAK: Wir öffnen die Fenster –

HUGO: Leg meinetwegen ab –

PLZAK: Das Eis bricht, es taut –

HUGO: Zieh die Schuhe aus –

PLZAK: Gestern war der Eröffnungsdienst noch obenauf, morgen wird er schon untendurch sein –

HUGO: Schlaf dich ruhig aus – denn auch die Eröffner sind, verdammt noch mal, Menschen – so irgendwie. Wie man bei uns zu Hause so schön sagt: faßt du was, dann hast du was! Schach! *Hugo ab.*

Plzak ist total erschöpft.

Auftritt Sekretär und Sekretärin.

SEKRETÄRIN: Wir sind uns schon nähergekommen. Wir haben uns schon einiges aus unserem Privatleben erzählt. Wir haben uns mit Tannenzapfen beworfen – gekitzelt – gestubst – gekniffen – ich habe die Kollegin Auflösungssekretärin an den Haaren gezogen – die Kollegin Auflösungssekretärin ihrerseits hat mich gebissen – aber im Guten! Dann haben wir uns verschiedene Besonderheiten gezeigt, die wir so an uns haben – das hat uns sehr interessiert! Dabei haben wir uns gegenseitig angefaßt – und zum Schluß haben wir uns sogar ein paarmal geduzt!

PLZAK: Laßt das! Was guckt ihr so, glaubt ihr, daß mir etwas an euch liegt? Überhaupt nicht, überhaupt nicht! Ihr seid Luft für mich! Ihr existiert nicht! Ich sehe euch überhaupt nicht! Also – warum geht ihr nicht! Der Eröffnungsdienst wird aufgelöst, da dürft ihr doch nicht fehlen, sonst entgeht euch was! Und wenn ihr noch etwas wissen wollt: bevor ihr angefangen habt aufzulösen, bin ich längst im Bett! Im Bett! *Plzak wütend ab. Sekretär sieht verdutzt vor sich hin, springt plötzlich freudig erregt auf und geht hin und her.*

SEKRETÄR: Prachtkerle, Prachtkerle! Ob der Eröffnungsdienst nach Buchstabe A oder B aufgelöst wird? Wirklich, Prachtkerle!

SEKRETÄRIN: Ist das alles, was du mir zu sagen hast, Pepi?

SEKRETÄR: Sei froh, daß wieder Ruhe ist! Gehen wir auflösen, damit wir nicht zu spät kommen.

Dunkel

Dritter Aufzug

Büro des Eröffnungsdienstes. An einem Schreibtisch, überhäuft mit Papieren, sitzen der Direktor und die Sekretärin, die die Auflösung durchführen: sie übernimmt vom Direktor einzelne Papiere und Faszikel, registriert sie, zeichnet sie ab, stempelt sie und legt sie zuletzt in einen riesigen Korb, der in der Ecke steht. Der Gang der Auflösungsarbeiten wird durch das Gespräch nicht unterbrochen.

DIREKTOR: Kollegin Auflösungssekretärin –

SEKRETÄRIN: Bitte –

DIREKTOR: Kann ich Sie etwas fragen?

SEKRETÄRIN: Sicher!

DIREKTOR: Wird die Auflösung lange dauern?

SEKRETÄRIN: Warum fragen Sie?

DIREKTOR: Wollen Sie nicht ins Bett gehen?

SEKRETÄRIN: Wie darf ich das verstehen?

DIREKTOR: Ah, nicht im schlechten Sinn.

SEKRETÄRIN: Es wird nicht lange dauern, die Organisationsstruktur des Eröffnungsdienstes erlaubt uns nämlich, in neuer Form vorzugehen, und zwar nach C, was eine Kombination von A und B ist. Ich mach von unten her das A, das ist vorläufig die formale, registrierte Auflösung, und der Kollege macht von oben her das B. Das ist eigentlich die normale, nichtregistrierte Auflösung. Wir arbeiten uns eben so aneinander ran.

DIREKTOR: Ich verstehe schon! So daß ihr etwa in der Mitte zusammenkommt.

SEKRETÄRIN: Das nicht! Nach der Auflösungstabelle sollen wir uns im dritten Stockwerk treffen. Aber es ist nicht ausgeschlossen, daß der Kollege früher fertig wird, er arbeitet wie verrückt.

DIREKTOR: Ein Idiot!

SEKRETÄRIN: Das sagen Sie bitte nicht, wenigstens nicht vor mir.

DIREKTOR: Entschuldigung, ich wußte nicht –

SEKRETÄRIN: Mein Gott, was ist denn schon dabei? Ich bin schließlich auch nur eine Frau.

DIREKTOR: Ich hab ja nichts gesagt!

SEKRETÄRIN: Entschuldigung.

DIREKTOR: Ihr Kollege kann also jeden Moment hier auftauchen!

SEKRETÄRIN: Ja, wir müssen uns beeilen. *Sie ordnet Papiere in einen Korb.*

Direktor zieht seinen Mantel aus, schreibt die Mantelnummer auf, stempelt ihn ab, wirft Mantel in den Korb usw., zieht sich aus bis auf die Unterwäsche.

SEKRETÄRIN: Haben Sie das Verzeichnis der Auflösungsformen?

DIREKTOR: Ja.

SEKRETÄRIN: Und das Verzeichnis der Abgrenzungsnormen?

DIREKTOR: Das nicht.

SEKRETÄRIN: Ist das eine fünf?

DIREKTOR: Ja.

SEKRETÄRIN: Aber das Verzeichnis der Auflösungsformen ist ohne das Verzeichnis der Abgrenzungsnormen ungültig.

DIREKTOR: Würde das Verzeichnis der Auflösungsnormen nicht als Unterlage für das Verzeichnis der Abgrenzungsformen genügen?

SEKRETÄRIN: Das würde die ganze Auflösung ungültig machen.

DIREKTOR: Ist das nicht eine etwas formale Norm?

SEKRETÄRIN: Im Gegenteil, das ist eine ganz normale Form. Wieviel?

DIREKTOR: Taille sechzig, Schulter dreißig.

SEKRETÄRIN: Das Futter ist zerrissen.

DIREKTOR: Ich will nicht streiten, aber wo...

SEKRETÄRIN: Es steht im Verzeichnis der Auflösungsvorschriften.

DIREKTOR: Ich will mich nicht streiten, aber wo wurde das Verzeichnis erarbeitet?

SEKRETÄRIN: Auf dem diesjährigen Auflösungsaktiv.

DIREKTOR: Und wo ist es ratifiziert worden?

SEKRETÄRIN: Auf der vorjährigen Auflösungskonferenz.

DIREKTOR: Und wo ist es in Frage gestellt worden?

SEKRETÄRIN: Auf der vorvorjährigen Auflösungsberatung, die Sie persönlich eröffnet haben, übrigens sehr hübsch: Sie haben dabei einige Verse aus Srameks «An der Schleuse» zitiert. Erinnern Sie sich?

DIREKTOR: «Tausendmal hört ich den Rhythmus der
            Schleuse –
            Kohlentransporte und Tankersignal –

SEKRETÄRIN: Tausendmal schwurst Du mir glutvolle Liebe –

DIREKTOR: Drüben im Rapsfeld am Kanal.

SEKRETÄRIN: Übers Jahr, wenn der Raps wieder blüht.»
Ach Gott. *Sie weint.*

DIREKTOR: Aber, aber... Kollegin Auflösungssekretärin... Sie sind doch eine Frau, ermannen Sie sich!

SEKRETÄRIN: Kennen Sie die Vorschriften über die Abgrenzungsnormen nicht?

DIREKTOR: Tausendmal hörte ich Flöten und Geigen – die Vorschrift hatte ich überhört. Ich hatte den Kopf woanders.

SEKRETÄRIN: Sehen Sie. Wenn es sich um einen anderen Auflösungstyp handeln würde, dann könnte ich ja ein Auge zudrücken...

DIREKTOR: Um welchen Auflösungstyp handelt es sich denn?

SEKRETÄRIN: Um die begrenzte Auflösung.

DIREKTOR: Werden wir dann einer anderen Dienststelle zugeteilt?

SEKRETÄRIN: Wahrscheinlich den Klempnern.

DIREKTOR: Und wie ist da die Zusammensetzung?

SEKRETÄRIN: Wahrscheinlich werden sogenannte Kollklemps gebildet, das sind irgendwelche Einheitskollektive, zusammengesetzt aus einem Klempner und acht Eröffnern.

DIREKTOR: Und diese Kollklemps, werden sie eröffnen oder klempnern?

SEKRETÄRIN: Natürlich klempnern. Kragenweite?

DIREKTOR: Vierzig.

SEKRETÄRIN: So, damit hätten wir den Buchstaben A erledigt. Ich gehe jetzt ein Stockwerk höher, und auf dem Rückweg hole ich den Korb. Der Kollege wird gleich kommen, um

Buchstabe B zu erledigen – Ach Gott! Ich bin doch eine Frau, und kein Stück Holz! *Weinend ab.*

DIREKTOR *geht zum Korb, öffnet ihn, schaut traurig hinein; seufzt:* Eine schwere Zeit. *Ermannt sich, setzt sich an den Tisch, beginnt wieder zu träumen, die Augen fallen ihm zu. Er kämpft gegen seine Müdigkeit und wird wieder munter.* Jardo, bleib wach! *Schläft ein.*
Hugo tritt auf.

HUGO: Hallo, Alter!

DIREKTOR: Was? Ach ja! Ja, ja! Der bin ich! So ungefähr!

HUGO: Sie haben sich aber erschrocken!

DIREKTOR: Ganz im Gegenteil! Danke!

HUGO: Setzen Sie sich ruhig wieder hin. Wir sind doch Menschen, nicht? Was macht die Galle?

DIREKTOR: Danke sehr, es ist die Leber.

HUGO: Bleibt sich gleich, wir sind doch so irgendwie unter uns, nicht?

DIREKTOR: Ja, selbstverständlich!

HUGO: Na, Schätzchen, wie geht's uns denn, was machen wir denn?

DIREKTOR: Das wissen wir doch: wir leben, wir eröffnen, Schätzchen.

HUGO: Es ist richtig, daß wir leben, und das wollen wir auch –

DIREKTOR: Sozusagen – womit fangen wir an?

HUGO: Nun, das bleibt sozusagen uns überlassen, nicht?

DIREKTOR: Zweifellos, zweifellos!

HUGO: Wir sind also hier, Alter!

DIREKTOR: Ja.

HUGO: Faktisch, ja?

DIREKTOR: Wenn wir nichts dagegen haben – faktisch, ja.

HUGO: Es ist interessant, daß wir hier sind. Wir schätzen einander, wir glauben, daß es so irgendwie eine sehr verantwortungsvolle und ehrenvolle Aufgabe ist. Rauchen wir?

DIREKTOR: Nein, wir danken. Wir wissen – wir haben schon auf uns gewartet, wir haben uns schon gefreut. Setzen wir uns – rauchen wir?

HUGO: Nein, wir danken. Wir wissen, wir verstehen so irgendwie die Bedeutung des Eröffnungsdienstes im Rahmen unserer Gesellschaft und die Bedeutung des Alten im Rahmen des Eröffnungsdienstes. Rauchen wir?

DIREKTOR: Nein, wir danken. Wir wissen – nicht daß wir nicht klempnern wollen, das bestimmt nicht, wir klempnern gern – aber – wie wollen wir das sagen – rauchen wir?

HUGO: Nein, wir danken. Wer weiß, ob wir uns nicht schon morgen bei uns wie zu Hause fühlen, glauben wir nicht?

DIREKTOR: Wir sind einverstanden. Rauchen wir?

HUGO: Wir rauchen nicht – wir verstehen?

DIREKTOR: Tun wir.

HUGO: Wenn wir gestatten, fangen wir bei Adam und Eva an. Schon als kleines Kind haben wir alle unsere Kinderspiele eröffnet.

DIREKTOR: Reizend –

HUGO: Als wir groß wurden –

DIREKTOR: Als Generation?

HUGO: Nein, als einzelner. Ich habe noch nie aus dem Generationsunterschied ein Problem gemacht.

DIREKTOR: Ich auch nicht.

HUGO: Im Grunde sind alle Menschen eine Generation, nicht?

DIREKTOR: Bestimmt.

HUGO: Als ich aufwuchs, eröffnete ich alle Veranstaltungen in der Schule und der Universität.

DIREKTOR: Hübsch.

HUGO: Ja, und bis heute lasse ich mir keine Gelegenheit zum Eröffnen entgehen.

DIREKTOR: Verdienstvoll.

HUGO: Bin eben ein geborener Eröffner.

DIREKTOR: Ich bin glücklich, daß gerade Sie zu uns gekommen sind.

HUGO: Sie sind sehr liebenswürdig.

DIREKTOR: Sie werden bestimmt Verständnis für unsere besonderen Bedingungen haben.

HUGO: Werde mich bemühen.

DIREKTOR: Die Arbeit wird uns von der Hand gehen.

HUGO: Bestimmt.

DIREKTOR: Ja.

HUGO: Ja. Ich habe nämlich eine Reihe spezifischer Eröffnungs-
qualitäten und Voraussetzungen und glaube, auch ansonsten
zu wissen, worauf es beim Eröffnen ankommt.

DIREKTOR: Meiner Meinung nach ist das Eröffnen irgendeine
typische Form der erzieherischen Arbeit, oder nicht?

HUGO: Ja. Aber gleichzeitig auch ihre typische Methode!

DIREKTOR: Also Form oder Methode?

HUGO: Beides zugleich! Und gerade darin liegt ihre Besonderheit.

DIREKTOR: Anregend!

HUGO: Nicht wahr?

DIREKTOR: Was aber ist dann typisch für das Wesen des Eröffnens?

HUGO: Seine typische Form!

DIREKTOR: Anregend!

HUGO: Nicht wahr?

DIREKTOR: Was aber ist dann typisch für die Form des Eröffnens?

HUGO: Seine typische Methode!

DIREKTOR: Anregend!

HUGO: Nicht wahr?

DIREKTOR: Was aber ist dann typisch für die Methode des
Eröffnens?

HUGO: Ihr typisches Wesen!

DIREKTOR: Dreimal anregend!

HUGO: Nicht wahr, nicht wahr, nicht wahr?

DIREKTOR: Ja.

HUGO: Ja. Und diesen typischen Zusammenhang kann man
grundsätzlich als das Eröffnungstriangulum bezeichnen.

DIREKTOR: Ja?

HUGO: Ja. Wobei das typische Merkmal des Triangulums das
Trianguläre ist!

DIREKTOR: Ja?

HUGO: Ja.

DIREKTOR: Das ist in der Tat ein anregender Beitrag zur brennenden Problematik der Eröffnungstheorie!

HUGO: Nicht wahr? Ich bin froh, daß wir uns verstehen!

DIREKTOR: Ich bin auch sehr froh!

HUGO: Ich bin immer froh, wenn ich mit jemandem zusammen-
komme, der mir in punkto Denken und Fühlen verwandt ist!
Duzen Sie mich ruhig! Rauchst du?

DIREKTOR: Nein, danke, und du?

HUGO: Nein, danke, auch nicht. Und du?

DIREKTOR: Nein, danke!

HUGO: Keine Ursache! Betrachte mich ruhig so irgendwie als
deinen Vater!

DIREKTOR: Und du mich als deine Mutter!

HUGO: Mama!!!

Frau Pludek guckt herein.

FRAU PLUDEK: Was willst du denn?

HUGO: Von dir nichts!

Frau Pludek verschwindet.

– Weißt du, ich bin eigentlich gekommen –

DIREKTOR: Ich weiß – aber keine Angst, ich komme dir entgegen! Ich bin ganz deiner Meinung, es war allerhöchste Zeit!
Du wirst sehen, du wirst mit mir zufrieden sein.

HUGO: Weißt du, ich denke mir so irgendwie faktisch, daß ich
irgendwie zu euch gehöre, faktisch – glaubst du nicht auch?

DIREKTOR: Faktisch.

HUGO: Es wird schon klappen mit uns beiden.

DIREKTOR: Wir haben eben Glück. Rauchst du?

HUGO: Nein. Und du?

DIREKTOR: Nein.

HUGO: Hör mal, Hand aufs Herz: Bist du nicht auch so ein bißchen Nichtraucher?

DIREKTOR: Aber woher denn?

HUGO: Aha, ich verstehe.

DIREKTOR: Na schön, dann wollen wir mal anfangen, nicht?

HUGO: Das hängt nur von dir ab! Du bist hier zu Hause, und ich
bin derjenige, der stört.

DIREKTOR: Im Gegenteil, ich bin derjenige, der dich aufhält!
Willst du jetzt so irgendwie anfangen zu eröffnen?

HUGO: Du willst mich wohl vorher prüfen, nicht wahr? Was soll
ich denn eröffnen?

DIREKTOR: Was – nun, die Auflösung!

HUGO: Auflösung? Wessen Auflösung?

DIREKTOR: Des Eröffnungsdienstes doch!

HUGO: Herrgott, da habt ihr euch aber was ausgedacht! Das ist ja voller Tücken! Darauf falle ich nicht so schnell rein.

DIREKTOR: Nein.

HUGO: Nein.

DIREKTOR: Ja, wer soll dann eröffnen?

HUGO: Wer? Nun, der zuständige Eröffner!

DIREKTOR: Der zuständige Eröffner? Aber die Eröffner können doch nicht eröffnen, wenn sie in der Auflösung sind!

HUGO: Richtig. Und deshalb sollte der zuständige Auflösungsbeamte eröffnen.

DIREKTOR: Der zuständige Auflösungsbeamte? Auflösungsbeamte sind doch dazu da, Sachen aufzulösen, nicht aber zu eröffnen!

HUGO: Richtig. Und deshalb wird es notwendig sein, eine Eröffnungsschulung für die Auflösungsbeamten anzuberaumen.

DIREKTOR: Meinst du?

HUGO: Oder lieber eine Auflösungsschulung für Eröffner?

DIREKTOR: Das mußt du wissen!

HUGO: Am besten wäre es, gleichzeitig beide Schulungen durchzuführen: die Eröffner würden die Auflösungsbeamten schulen und die Auflösungsbeamten würden die Eröffner schulen.

DIREKTOR: Und eröffnen würde dann ein als Eröffner geschulter Auflösungsbeamter oder ein als Auflösungsbeamter geschulter Eröffner?

HUGO: Man müßte noch eine Schulung anberaumen. Die für die Eröffnung geschulten Auflösungsbeamten würden die für die Auflösung geschulten Eröffner schulen und die für die Auflösung geschulten Eröffner würden die für die Eröffnung geschulten Auflösungsbeamten schulen.

DIREKTOR: Und würde das dann ein in der Eröffnungsschulung durch einen geschulten Auflösungsbeamten geschulter Eröffner oder ein in der Auflösungsschulung durch einen geschulten Eröffner im Eröffnen geschulter Auflösungsbeamter eröffnen?

HUGO: Logischerweise der zweite.

DIREKTOR: Ich sehe, du hast das bis zur letzten Konsequenz durchdacht. Theoretisch. Die Praxis stellt uns allerdings vor die Notwendigkeit, operativ vorzugehen. Ich möchte, daß du so schnell wie möglich ins Bett kommst. Schließlich wird die Auflösung des Eröffnungsdienstes faktisch kein Problem sein. Die Papiere habe ich in Ordnung und Buchstabe A ist bereits erledigt.

HUGO: Was denn – der Eröffnungsdienst wird aufgelöst?

DIREKTOR: Leider Gottes.

HUGO: Leider Gottes? Wie meinst du das, leider Gottes? Doch wohl Gott sei Dank, nicht?

DIREKTOR: An sich Gott sei Dank! Ich sagte doch Gott sei Dank.

HUGO: Sagtest du wirklich Gott sei Dank?

DIREKTOR: Selbstverständlich! Ich würde doch nicht leider Gottes sagen!

HUGO: Ich glaube dir, daß du Gott sei Dank gesagt hast. Wir müssen so irgendwie an den Menschen glauben, leider Gottes.

DIREKTOR: Doch wohl Gott sei Dank, nicht?

HUGO: Selbstverständlich Gott sei Dank. Oder denkst du etwa leider Gottes?

DIREKTOR: Aber entschuldige! Wir wissen doch alle ganz genau, daß der Eröffnungsdienst der Vergangenheit angehört, wenn man auch nicht leugnen kann, daß in der Zeit des Bürokratismus in der Tätigkeit des Amtes für Auflösung der Eröffnungsdienst durch das Verdienst einiger Eröffner, die auf Grund einer unkonventionell gesunden und lebhaften dynamischen Beziehung zum Menschen diesen unbebauten Boden mit vielen wertvollen Gedanken – unbestreitbar –

HUGO: – bereicherten – eine positive Aufgabe hatte, obwohl derjenige –

DIREKTOR: – in einen liberalen Extremismus verfiele, der diese zeitlich begrenzten positiven Züge nicht aus der Perspektive der späteren Entwicklung des Eröffnungsdienstes sehen würde –

HUGO: – und der hinter ihren vielleicht subjektiv-positiven Gründen nicht ihre –

DIREKTOR: – objektiv-negativen Gründe sehen würde –

BEIDE: – dadurch verursacht, daß als Ergebnis einer ungesunden Isolation des ganzen Amtes einige positive Elemente in der Arbeit des Eröffnungsdienstes überschätzt und gleichzeitig einige negative Elemente in der Arbeit des Amtes für Auflösung zu wichtig genommen wurden, was letzten Endes dazu führte, daß in einem Zeitabschnitt –

HUGO: – wo die neue Aktivierung aller positiven Kräfte im Eröffnungsamt das Amt für Auflösung als feste Bastion unserer Einheit an die Spitze unserer Arbeit gestellt hat, es leider der Eröffnungsdienst war –

DIREKTOR: – der der hysterischen Atmosphäre bestimmter unbedachter Extreme unterlag – *Der Direktor kann Hugo nicht mehr folgen.*

HUGO: – sich allerdings mit wirksamen Argumenten aus der liberalistischen Waffenkammer der abstrakt-humanistischen Phrase einmischend, in Wirklichkeit allerdings nie die Grenze der konventionellen Arbeitsmethode überschreitend – unterschiedlich in der typischen Form, zum Beispiel in –

DIREKTOR: – einen alt-neuen Apparat –

HUGO: – mit einer pseudo-familiären Eröffnungsphraseologie, unter der Routine des professionellen Humanismus eine tiefe, gedankliche Gegensätzlichkeit versteckend, was am Ende den Eröffnungsdienst gesetzlich in die Situation des Unterminierers des tiefen konsolidierenden Bestrebens des Amtes für Auflösung, das einer historischen Notwendigkeit entspricht und einen klugen Akt ihrer Auflösung bedeutet – brachte!

DIREKTOR: Ich pflichte Ihnen bei.

HUGO: Sie pflichten mir immer nur bei – und versäumen darüber Ihre Pflichten. Nein, nein – so kommen wir mit der Auflösung nie zu Ende. Die Zeit fliegt – bringen Sie mir einen Kaffee!

DIREKTOR: Entschuldigen Sie, aber –

HUGO: Ich weiß wirklich nicht, was es da noch für ein «aber» gibt –

DIREKTOR: Ich sage gar nicht «aber», aber ich will sagen –

HUGO: Daß Sie «aber» sagen wollen.

DIREKTOR: Ich will nicht sagen «aber», aber –

HUGO: Möglich, daß Sie nicht «aber, aber» sagen wollen, aber «aber» wollen Sie sagen – das genügt. Aber ich lasse mich nicht für dumm verkaufen mit einem «aber»!

DIREKTOR: Entschuldigen Sie, aber wieviel Stück Zucker wollen Sie?

HUGO: Vierundzwanzig. Und nun zerreden Sie mir das nicht auch noch – jetzt ist keine Zeit für Haarspaltereien!
Direktor zieht sich verstört zurück.
Hugo wird zum Herrn der Situation.
Der Sekretär tritt auf. Er hat Papiere in der Hand – er kommt auflösen.

SEKRETÄR: Guten Tag – also fangen wir an, ja?

HUGO: Selbstverständlich. Wo ist der Tresor?

SEKRETÄR: Das müssen Sie wissen!

HUGO: Sie arbeiten nicht hier? Guten Tag!

SEKRETÄR: Ich will hier arbeiten.

HUGO: Und wo arbeiten Sie?

SEKRETÄR: Beim Amt für Auflösung – *Gibt ihm die Hand.* Josef Dolezal.

HUGO: Und da wollen Sie jetzt hier arbeiten?

SEKRETÄR: Ich muß hier arbeiten –

HUGO: Ach, das Amt für Auflösung wird aufgelöst? – Hugo Pludek.

SEKRETÄR: Wieso – das Amt für Auflösung soll aufgelöst werden? Josef Dolezal.

HUGO *gibt ihm die Hand*: Hugo Pludek. Oder meinen Sie, daß es nicht aufgelöst werden soll?

SEKRETÄR: Na, entschuldigen Sie – wir alle wissen doch ganz genau, daß das Amt für Auflösung der Vergangenheit angehört! Wenn man auch nicht leugnen kann, daß das Amt für Auflösung in der Zeit des Kampfes gegen Auswüchse in der Tätigkeit des Eröffnungsdienstes durch einige kluge Eingriffe eine zweifellos positive Rolle gespielt hat, obwohl derjenige in längst überwundene Sentimentalitäten –

HUGO: – und in bürokratischen Konservativismus verfiele –

SEKRETÄR: – der die Arbeit des Amtes für Auflösung nicht aus der Perspektive der späteren Entwicklung sehen würde, als nämlich zahlreiche unüberlegte Eingriffe in die positiven Aspekte der Arbeit des Eröffnungsdienstes vorkamen –

HUGO: – und das Amt für Auflösung zweifellos eine negative Rolle spielte, infolge der Tätigkeit einiger Auflösungsbeamter –

BEIDE: – welche nach und nach die administrative Seite der Auflösungspraxis über die gesellschaftliche Funktion stellten, was letzten Endes dazu führte, daß die Tätigkeit des Amtes für Auflösung einen ungesunden Zug von Selbstzweck erhielt, weil sie gewaltsam vom Leben getrennt wurde –

Sekretär kann Hugo nicht mehr folgen.

HUGO: – und in die stehenden Gewässer eines verknöcherten Bürokratismus geriet, was allerdings den Eigenmächtigkeiten einer Handvoll auflösender Abenteurer Tür und Tor öffnet, welche –

SEKRETÄR: – die klugen Bemühungen –

HUGO: – zur Überwindung von Extremen in der Tätigkeit des Eröffnungsdienstes mißbrauchten, indem sie seine positiven Kräfte, die erfolgreich die Zeit der Krise überstanden hatten und Dank ihrer neuen umfangreichen Aktivität bei unseren Bemühungen, die Tragweite der fehlerhaften Methoden abzuschätzen, den Eröffnungsdienst wieder an die Spitze gestellt hatten, demagogisch angriffen, so das Amt für Auflösung faktisch zum Hemmschuh unserer Entwicklung machten und uns heute dazu zwingen, den waghalsigen Akt unserer Selbstauflösung durchzuführen. Hugo Pludek.

SEKRETÄR: Ich pflichte Ihnen bei. Josef Dolezal.

HUGO: Das möchte ich Ihnen auch geraten haben! *Zeigt auf den Anzug, den er vor einer Weile selbst auf den Boden geworfen hat.* Sehen Sie dieses Durcheinander? So arbeiten die! Das Amt für Auflösung ist in Auflösung und die lösen hier ruhig weiter auf, als ob nichts wäre!

SEKRETÄR: Also wird das Amt für Auflösung doch aufgelöst?

HUGO: Also wissen Sie – man hat die Akten bereits über sie

geschlossen und sie machen sich hier noch breit. Ich kann das nicht länger mit ansehen! Ich geh mal rüber! *Geht energisch ab.*

Auftritt Direktor mit Kaffee. Als er den Sekretär erblickt, fährt er zurück, bleibt stehen.

DIREKTOR: Hilfskraft?

SEKRETÄR: Von wem?

DIREKTOR: Von dem, der hier auflöst.

SEKRETÄR: Na, erlauben Sie mal! Ich würde doch nicht denen helfen, die sich hier breitmachen, obwohl man längst die Akten über sie geschlossen hat.

Direktor läßt die Tasse fallen, steht da wie ein begossener Pudel.

Ich weiß doch, daß es purer Unsinn wäre, zu einem Zeitpunkt aufzulösen, wo das Amt für Auflösung in Auflösung ist. Auf das Absurde eines solchen Unterfangens hat mich Hugo Pludek bereits selbst aufmerksam gemacht.

DIREKTOR: Wer ist das?

SEKRETÄR: Leider Gottes weiß ich es nicht genau, aber allem Anschein nach jemand, der mit der Auflösung des Amtes für Auflösung unmittelbar zu tun hat – wer weiß, ob er sie nicht sogar leitet!

Pause, Direktor hebt langsam die Tasse auf.

Also, ich geh jetzt.

DIREKTOR *schlägt plötzlich dem Sekretär auf die Schulter*: Warum willst du denn gehen, Junge? Setz dich – nur so bißchen plaudern. Also sag mal, wo kommst du eigentlich her?

SEKRETÄR: Ach wissen Sie – ich bin nur mal so vorbeigekommen, bißchen plaudern – also ich geh jetzt wieder –

DIREKTOR *klopft ihm wieder auf die Schulter*: Warum willst du denn gehen, Junge? Setz dich – nur so bißchen plaudern. Also sag mal, wo kommst du eigentlich her?

SEKRETÄR: Ach wissen Sie – ich bin nur mal so vorbeigekommen, bißchen plaudern – also ich geh jetzt wieder –

DIREKTOR *klopft ihm wieder auf die Schulter*: Warum willst du denn gehen, Junge? Setz dich, nur so bißchen plaudern. Also sag mal, wo kommst du eigentlich her?

SEKRETÄR: Ach wissen Sie – ich bin nur mal so vorbeigekommen, bißchen plaudern – also ich geh jetzt wieder.

DIREKTOR *ihn beruhigend*: Mein Gott, was ist denn schon dabei? Du hast eben nichts davon gewußt! Nu!

SEKRETÄR *beruhigt*: Mein Gott, was ist denn schon dabei?

DIREKTOR: Mein Gott, wir sind doch Freunde, oder?

SEKRETÄR: Wie?

DIREKTOR: Wir sind doch Freunde!

SEKRETÄR: Was sagst du?

DIREKTOR: Ich sagte, daß wir beide Freunde sind!

SEKRETÄR: Was wolltest du sagen?

DIREKTOR: Um Gottes willen, mach doch nicht so ein Gesicht, als ob du mich nicht verstehen würdest – oder sind wir, Herrgott noch mal, nicht alle so irgendwie von einer Mutter?

SEKRETÄR: Sind – oder sind nicht – auf jeden Fall gehe ich jetzt das Amt für Auflösung auflösen. Dosvidanie, Mama. *Ab.*

Direktor sieht sich einige Male um, nimmt dann sehr vorsichtig einen Lorbeerkranz aus der Schublade und legt ihn auf den Tisch.

Hugo tritt auf.

Der Direktor versteckt erschrocken den Kranz in der Schublade.

HUGO: Was machen Sie da?

DIREKTOR: Was soll ich schon machen? Ich löse auf –

HUGO: Aber, aber, Junge! Was muß ich hören! Sie würden doch nicht zu einem Zeitpunkt auflösen, wo das Amt für Auflösung in Auflösung ist! Sie sind ein erwachsener Mensch und würden doch, um Gottes willen, nicht solche Dummenjungenstreiche machen! Oder wollen Sie, daß ich das oben an die große Glocke hänge? Wenn Sie sich aus falsch verstandenem Heldentum selbst Ihr Grab graben wollen, dann sagen Sie es ruhig – aber in dem Fall kann ich nicht mehr für mich garantieren!

DIREKTOR: Die Auflösung löse ich auf – die Auflösung!

HUGO: Hoffentlich. Dolezal ist schon gegangen?

DIREKTOR: Leider Gottes – er ist schon weg, aber vielleicht könnte ich ihn noch auf der Treppe erwischen. Soll ich ihm nachlaufen?

HUGO: Ich will den Jungens bei der Auflösung des Amtes für Auflösung helfen und habe vergessen zu fragen, wer die Auflösung eigentlich leitet – ich möchte nämlich gleich vor die richtige Schmiede gehen.

DIREKTOR: Pludek.

HUGO: Welcher Pludek? Hugo?

DIREKTOR: Eben der.

HUGO: Ausgezeichnet. Dann gehe ich ihn besuchen. Also, ich hoffe, du machst hier keine Dummheiten. Ich habe dich ganz gern und möchte dich nicht eigenhändig in der Luft zerreißen müssen. Schach! *Energisch ab.*

Direktor sieht ihm eine Weile nach, streckt dann die Zunge heraus, nimmt den Lorbeerkranz wieder aus der Schublade, legt ihn behutsam auf den Tisch, stützt den Kopf auf – sein Arm ruht auf dem Kranz.

Sekretärin tritt auf.

SEKRETÄRIN: Ruhen Sie sich schon wieder auf Ihren Lorbeeren aus?

DIREKTOR: Entschuldigen Sie, entschuldigen Sie! *Versucht, den Kranz schnell zu verstecken, die Sekretärin entreißt ihm diesen und wirft ihn in den Korb.*

SEKRETÄRIN: Daß Sie sich nicht schämen! Glauben Sie, wir möchten uns nicht ausruhen? Wir müssen alle durchhalten! War Pepi hier?

DIREKTOR: Dolezal?

SEKRETÄRIN: Ja.

DIREKTOR: Ist schon gegangen.

SEKRETÄRIN: Seien Sie froh, daß Sie ein Mann sind! *Bricht in Tränen aus und ist im Begriff davonzulaufen.*

DIREKTOR: Bleiben Sie nicht noch ein Weilchen? So irgendwie außerdienstlich? Sie brauchen ein bißchen Ablenkung – Sie sind ja schließlich auch nur ein Mensch!

SEKRETÄRIN: Sie ordinärer Kerl! *Energisch ab.*

DIREKTOR: Der Korb geht so lange zur Auflösung, bis er verges-

sen wird! Na, wenn schon – wenigstens kann ich jetzt ir-
gendwo schlafen. *Kriecht in den Korb.*
Sekretärin tritt auf, sieht verträumt ins Weite.
SEKRETÄRIN: Wie damals säuselt der Silberwind –
DIREKTOR *guckt aus dem Korb*: Verheißt des Lebens reiche
Gabe –
*Sekretärin steigt pathetisch zum Direktor in den Korb. Der
Deckel schließt sich langsam, dann trippelt der Korb schnell
davon.*

Dunkel

Vierter Aufzug

Wohnung der Pludeks. Pludek und Frau Pludek, beide in Nacht-
kleidung.

PLUDEK: Übrigens China – wie spät ist es eigentlich?

FRAU PLUDEK: Gleich sechs – hörst du?

PLUDEK: Er müßte längst hier sein, wie?

FRAU PLUDEK: Wahrscheinlich hat er sich verspätet. Waren das
   nicht Schritte?

PLUDEK: Wieso verspätet? Das ist nur der Wind. Übrigens
   China –

FRAU PLUDEK: Vielleicht hat er sich auf dem Gartenfest betrunken? Du hast recht, das ist der Wind.

PLUDEK: Er trinkt nur Milch, und Milch wird dort nicht ausge-
   schenkt. Sind das nicht doch Schritte? Übrigens China –

FRAU PLUDEK: Weshalb sollte man keine Milch ausschenken?
   Es gibt doch Milchbars. Also kann es auch Milch-Gartenfeste
   geben! Sind das nicht doch Schritte?

PLUDEK: Daran habe ich nicht gedacht, vielleicht hat er sich betrunken und ist dageblieben. Wer sollte jetzt schon in unserer
   Speisekammer herumgehen? Es ist der Wind!

FRAU PLUDEK: In der Speisekammer? Ich habe doch gestern
   abend das Fenster zugemacht.

PLUDEK: Also doch Schritte? Ich gehe mal nachsehen! Was
   wollte ich eigentlich über China sagen? *Geht zur Speise-*
   kammer, trommelt an die Tür. Wer da? Ich wiederhole: Wer
   da? Sofort aufmachen! Ich wiederhole: Sofort aufmachen!
   Die Tür geht auf.
   Jesus-Maria-und-Josef!
   Amalka und Peter treten auf – beide haben nur Mäntel über-
   geworfen und sind barfuß.

FRAU PLUDEK: Ach du meine Güte! Was macht ihr denn hier?

AMALKA: Ich bringe Ihnen ein Telegramm.

PLUDEK: Lesen Sie vor!

AMALKA: LIEBER OLDRICH, ERFUHR, DEIN SOHN LÖSTE AMT
   FÜR AUFLÖSUNG AUF. Haben Sie das, Anicka? Um zwölf
   können wir, glaube ich, verschwinden. Nein, nein, das brauchen Sie nicht, ich nehme eine Dose Schinken im eigenen Saft
   mit. GRATULIERE HUGO ZU SCHÖNEM ERFOLG. Ach wirklich? Dann wird es aber höchste Zeit! Sie müssen dieses
   schöne Fleckchen unbedingt kennenlernen. Moment, Kohlepapier liegt in der Schublade von der Kanturkova. Also weiter: HOFFE TREFFEN UNS RECHT BALD. Vergessen Sie nur
   nicht – DEIN FRANTA KALABIS – Ihren Badeanzug mitzuneh-
   men.

FRAU PLUDEK: Hast du das gehört, Oldo? Die Auflösung des
   Amtes für Auflösung!

PLUDEK: Ich habe es gehört, Bozena! Onkel Jaros wollte Goldschmied werden und wurde es. Hugo hat sich gefragt – und
   bitte: ein schöner Erfolg. Übrigens China –

FRAU PLUDEK *zu Amalka*: Was habt ihr eigentlich die ganze
   Nacht in der Speisekammer gemacht?

AMALKA: Post sortiert. Guten Morgen!

Amalka und Peter gehen ab – er in die Speisekammer.

FRAU PLUDEK: Du, Oldrich –

PLUDEK: Was gibt's?

FRAU PLUDEK: Mit Hugo ist es gutgegangen. Sollten wir uns
   jetzt nicht auch um Peter kümmern? Er ist letzten Endes auch
   unser Kind –

PLUDEK: Wir bringen ihn irgendwo bei der Zeitung unter.

FRAU PLUDEK: Wird es die nicht stören, daß er wie ein bürgerlicher Intellektueller aussieht? Wenn er wenigstens keine
   Brille tragen würde!

PLUDEK: Intellektuelle haben sie dort nicht einen, und sie werden sich sagen: besser einen bürgerlichen Intellektuellen als
   gar keinen. Immerhin – in Politik kennt er sich aus und Brillen
   sind heute eigentlich kein Hindernis mehr. Hat es nicht geklingelt?

FRAU PLUDEK: Nein.

Es klingelt.

PLUDEK: Hugo ist da!

FRAU PLUDEK: Endlich!

Hugo tritt auf.

Ich wußte, daß unser Hugolein nicht verlorengeht.

PLUDEK: Du bist ein tüchtiger Junge. Mach nur so weiter! Hast du nicht etwas Schönes zu essen für ihn?

FRAU PLUDEK: Was würde er denn mögen – ein Täßchen Milch?

PLUDEK: Eher ein Täßchen Kaffee. Bestimmt – der arme Junge, er hat die ganze Nacht nicht geschlafen.

FRAU PLUDEK: Nicht geschlafen, aber er hat es geschafft! Wer weiß, ob er überhaupt noch mit uns redet, Oldrich, wenn er jetzt eine so gute Position hat!

HUGO: Er hat für jeden ein freundliches Wort, auch für den einfachen Mann, davon bin ich überzeugt. Ich bin gekommen, um mit ihm ein bißchen zu plaudern und ihm gegebenenfalls ein bißchen zu helfen. Ich möchte nämlich gleich vor die richtige Schmiede gehen! Gibt es ein Täßchen Kaffee?

Verlegene Pause.

FRAU PLUDEK: Aber ja, aber ja. Bis Hugo kommt –

HUGO *nimmt Platz*: Er ist noch nicht zu Hause?

PLUDEK: Er hat sich wohl mit der Auflösung aufgehalten –

FRAU PLUDEK: Das Amt für Auflösung aufzulösen ist kein Spaß!

HUGO: Euer Hugo würde zu einem Zeitpunkt auflösen, in dem das Amt für Auflösung in Auflösung ist?

PLUDEK: So hat meine Frau das nicht gemeint. Sie wollte nur sagen, daß Hugo diese Auflösung nicht machen sollte.

HUGO: Wer sollte denn das Amt für Auflösung auflösen?

PLUDEK: Unser Hugo.

HUGO: Und euer Hugo würde zu einem Zeitpunkt auflösen, in dem das Amt für Auflösung in Auflösung ist?

FRAU PLUDEK: So hat mein Mann das nicht gemeint. Er wollte nur sagen, daß Hugo diese Auflösung nicht machen sollte.

HUGO: Wer sollte denn das Amt für Auflösung auflösen?

FRAU PLUDEK: Unser Hugo.

PLUDEK: Selbstverständlich.

FRAU PLUDEK: Und weshalb sollte unser Hugo zu einem Zeitpunkt auflösen, in dem das Amt für Auflösung aufgelöst wird?

PLUDEK: Wer sollte denn das Amt für Auflösung auflösen?

FRAU PLUDEK: Unser Hugo.

PLUDEK: Und weshalb sollte unser Hugo zu einem Zeitpunkt auflösen, in dem das Amt für Auflösung aufgelöst wird?

FRAU PLUDEK: Wer sollte denn das Amt für Auflösung auflösen?

PLUDEK: Unser Hugo.

FRAU PLUDEK: Das ginge.

PLUDEK: Das dürfte aber niemand wissen!

FRAU PLUDEK: So eine Sache läßt sich nicht verheimlichen.

PLUDEK: Hugo sollte diese Auflösung nicht annehmen.

FRAU PLUDEK: Wenn er sie nicht angenommen hätte, wäre das Amt für Auflösung nicht aufgelöst worden und man würde weiter auflösen. Und warum sollte unser Hugo nicht auflösen? Gut, daß er nicht abgelehnt hat.

PLUDEK: Wenn er nicht abgelehnt hat, löst sich das Amt für Auflösung auf und das Auflösen hört auf. Aber unser Hugo löst weiter auf und schließlich wird er davon Unannehmlichkeiten haben.

FRAU PLUDEK: Er sollte es ablehnen –

PLUDEK: Im Gegenteil: er sollte es nicht annehmen!

FRAU PLUDEK: Im Gegenteil: er sollte es nicht ablehnen!

PLUDEK: Sollte er nicht gleichzeitig annehmen und ablehnen?

FRAU PLUDEK: Lieber nicht ablehnen und nicht annehmen!

PLUDEK: In diesem Fall lieber nicht annehmen, nicht ablehnen, annehmen und ablehnen!

FRAU PLUDEK: Und wenn er gleichzeitig abgelehnt hat, nicht angenommen hat, nicht abgelehnt hat und angenommen hat?

PLUDEK: Schwer zu sagen. Was meinen Sie?

HUGO: Ich? Ich würde sagen, daß er nicht annehmen sollte, nicht ablehnen sollte, annehmen sollte und ablehnen sollte und gleichzeitig ablehnen sollte, nicht annehmen sollte, nicht ablehnen sollte und annehmen sollte. Oder umgekehrt. Hat es nicht geklingelt?

PLUDEK: Nein.

Es klingelt.

Hugo ist da!

FRAU PLUDEK: Endlich!

Amalka tritt auf. Peter kommt aus der Speisekammer.

AMALKA *liest*: TEURER OLDRICH, ERFUHR SOEBEN, DEIN HUGO VERANTWORTLICHER LEITER BEI AUFLÖSUNG VON ERÖFFNUNGSDIENST. Hast du das, Anicka? Mein Gott, wegen des bißchen Regens auf dem Rückweg? Weiter! HERZLICHSTEN GLÜCKWUNSCH ZU SCHÖNEM ERFOLG. Na, in meine Wohnung kann ich dich ja schlecht mitnehmen. O je, du stellst aber Ansprüche! Nein, in eine Scheidung wird sie nie einwilligen, leider Gottes. MÜSSEN UNS SCHNELLSTENS TREFFEN UND RICHTIG PLAUDERN! HOFFE, DU ERINNERST DICH AN UNSERE JUGENDSTREICHE. Psst! Achtung! Die Kanturkova! DEIN FRANTA.

FRAU PLUDEK: Hast du das gehört, Oldrich, die Auflösung des Eröffnungsdienstes!

PLUDEK: Ich habe es gehört, Bozena. Was hat Onkel Jaros gesagt: Das Leben ist ein Buch voll leerer Seiten – Hugo wußte, was er hineinschreiben soll – und bitte: ein schöner Erfolg. Übrigens China –

FRAU PLUDEK *zu Amalka*: Und die ganze Nacht habt ihr Post sortiert? Im Dunkeln?

AMALKA: Die Birne ist uns durchgebrannt –

FRAU PLUDEK: Die Birne! Wenn Sie Peter jetzt nicht heiraten –

AMALKA: Wir wollen ja heiraten –

FRAU PLUDEK: Sie Unglückliche! Peter ist ein bürgerlicher Intellektueller!

AMALKA: Peter wird Mikrobiologie studieren. Guten Morgen!

Amalka und Peter ab. Peter in die Speisekammer.

FRAU PLUDEK: Du, Oldrich –

PLUDEK: Was gibt's?

FRAU PLUDEK: Hast du das gehört?

HUGO: Also, euer Hugo löst nicht nur das Amt für Auflösung auf, sondern auch den Eröffnungsdienst?

PLUDEK: Und recht hat er damit! Beide Ämter sollte man so schnell wie möglich auflösen, weil beide der Vergangenheit angehören, oder nicht?

HUGO: Also alle –

FRAU PLUDEK: Verstehen Sie, mein Mann wollte damit nicht sagen, daß beide nicht doch erhalten bleiben sollten, wenn es sich als taktisch richtig erweist –

HUGO: Also alle –

PLUDEK: Verstehen Sie – meine Frau wollte damit nicht sagen, daß der Eröffnungsdienst nicht aufgelöst werden und das Amt für Auflösung erhalten bleiben sollte oder daß das Amt für Auflösung aufgelöst werden und der Eröffnungsdienst erhalten bleiben sollte, falls es sich als strategisch –

HUGO: Also alle –

FRAU PLUDEK: Verstehen Sie – mein Mann wollte damit nicht sagen, daß beide Ämter nicht in einem vernünftigen Maße erhalten bleiben sollten –

PLUDEK: Und gleichzeitig beide in einem vernünftigen Maße aufgelöst –

FRAU PLUDEK: Falls es sich strategisch –

PLUDEK: Taktisch –

HUGO: Also alle –

FRAU PLUDEK: Also, was denn –

HUGO: Also alle müssen wir in dieser stürmischen Zeit so irgendwie erst unseren Standpunkt suchen, verstehen Sie? Hat es nicht geklingelt?

PLUDEK: Nein.

Es klingelt.

Hugo ist da!

Auftreten Amalka und Peter.

AMALKA *liest*: TEUERSTER OLDRICH, GROSSE FREUDE BEI NACHRICHT ÜBER EHRENVOLLE AUFGABE HUGOS. Haben Sie das, Anicka? Mein Gott, gestern hatten Sie doch noch eine ganze Schublade voll Kohlepapier. Ich habe es jedenfalls nicht verschluckt. Warum, um alles in der Welt, wollen Sie den Pelz denn nicht? Na schön, dann schreiben Sie: NACH AUFLÖSUNG VON AMT FÜR AUFLÖSUNG UND ERÖFFNUNGSDIENST HUGO JETZT LEITER BEI AUFBAU VON ZENTRALKOMMISSION FÜR ERÖFFNUNG UND AUFLÖSUNG. Hören Sie doch endlich mit der Heulerei auf, ich kann das nicht vertragen, Herrgott noch mal. BITTE UM ÜBERMITTLUNG

BRÜDERLICHER GRÜSSE AN HUGO. Papperlapapp. Sind Sie verrückt geworden? Nein, nein, das glaube ich nicht, und wenn es wirklich stimmt, dann muß es eben weg. Bitte weiter: KANN WIEDERSEHEN KAUM ERWARTEN. Also erpressen lasse ich mich nicht, merken Sie sich das. SEHN- SUCHTSVOLLE, INNIGE GRÜSSE – ich habe schließlich Kin- der – DEIN ALTER – Lügnerin – TREUER – Dirne – FRANTA – blöde Gans.

FRAU PLUDEK: Hast du das gehört, Oldrich? Der Aufbau der Zentralkommission für Eröffnung und Auflösung!

PLUDEK: Ich habe es gehört, Bozena. Onkel Jaros dachte an seine Zukunft. Er lernte und lernte und lernte. Hugo dachte an seine Zukunft, und bitte: ein schöner Erfolg! Übrigens China –

FRAU PLUDEK *zu Amalka*: Peter und Mikrobiologie studieren – Unsinn! Ein Angehöriger des Mittelstands gibt sich nicht mit Kleinigkeiten ab!

AMALKA: Peter und ich haben uns gern. Er zieht zu mir! Komm, Peter, wir gehen!

PETER: Grüß Gott!
Amalka und Peter fassen einander bei der Hand und gehen die Kellertreppe hinunter.

FRAU PLUDEK: Du, Oldrich –

PLUDEK: Was gibt's?

FRAU PLUDEK: Hast du gehört, wie Peter das Maul aufreißt?

PLUDEK: Irgendeine innere Stimme sagt mir, wir haben eben einen Sohn verloren, und sie sagt weiter, daß es nicht unser Schade sein wird, wenn unsere Schwiegertochter die Tochter des Hausmeisters ist. Haha!

FRAU PLUDEK: Der Hausmeister – das ist doch die Arbeiter- klasse –

PLUDEK: Direkt wohl nicht, aber auf jeden Fall weiß er viel von der Arbeiterklasse!

FRAU PLUDEK: Amalka und die Mikrobiologie waren stärker als wir. Die einzige wirkliche Hoffnung der Familie ist Hugo. Was wolltest du eigentlich über China sagen?

PLUDEK *zu Hugo*: Hören Sie mal, und wer sind Sie eigentlich?

HUGO: Ich? Wer ich bin? Wißt ihr, ich habe so einseitig gestellte
Fragen nicht gern, wirklich nicht! Kann man denn so einfach
fragen? Ganz gleich, wie auch immer wir auf solche Fragen
antworten: nie können wir die ganze Wahrheit erfassen, sondern immer nur einen begrenzten Teil: der Mensch – das ist
etwas so Reiches, Kompliziertes, Wandlungsfähiges und Viel-
fältiges, daß es kein Wort gibt, keinen Satz, kein Buch, nichts,
was ihn ganz beschreiben und umfassen könnte. Der Mensch
ist nichts Festes, Ewiges, Absolutes – der Mensch ist Veränderung, eine kühne Veränderung natürlich! Die Zeit der festen
und unabänderlichen Kategorien, wo A gleich A war und B
immer gleich B, ist vorbei. Heute wissen wir genau, daß A oft
gleichzeitig B, und B gleichzeitig A sein kann; daß B B sein
kann, aber auch A und C – wie auch C nicht nur C sein kann,
sondern auch A, B und D, und daß unter bestimmten Umständen sogar F nicht nur O, Q und Y sein kann, sondern auch R!
Ihr fühlt doch selbst, daß ihr das, was ihr heute fühlt, gestern
nicht gefühlt habt und das, was ihr gestern gefühlt habt, heute
nicht fühlt, aber morgen wieder fühlen werdet, wogegen ihr
das, was ihr übermorgen fühlen werdet, vielleicht nie gefühlt
habt! Fühlt ihr das? Und es ist nicht schwer zu verstehen, daß
diejenigen, die heute nur das Heute begreifen, lediglich eine
andere Ausgabe derjenigen sind, die gestern nur das Gestern
begriffen haben. Und auch heute muß man, wie wir wissen, so
ungefähr verstehen, was gestern war, weil niemand weiß, ob
es nicht morgen zufällig wiederkommt. Die Wahrheit ist kompliziert und vielschichtig wie alles auf der Welt – Magnet, Telefon, Verse von Branislav, Magnet – und alle sind wir ein
bißchen das, was wir gestern waren und ein bißchen das, was
wir heute sind, und ein bißchen sind wir auch das nicht. Immer sind wir ein bißchen und sind doch immer auch ein bißchen nicht. So daß keiner von uns vollkommen ist und gleichzeitig keiner unvollkommen – es geht also nur darum, wann
mehr Sein und weniger Nichtsein und wann weniger Sein und
mehr Nichtsein – denn sonst ist derjenige, der zu sehr ist, bald
überhaupt nicht mehr, und derjenige, der es in der einen Situation bis zu einem gewissen Grad versteht, nicht zu sein, kann

in einer anderen Situation um so besser sein. Ich weiß nicht,
ob ihr sein wollt oder mehr nicht sein, und wann ihr sein wollt
und wann nicht sein, aber ich will immer sein und deshalb
muß ich immer auch ein bißchen nicht sein: der Mensch nämlich, der ab und zu auch ein bißchen nicht ist, wird nie nicht
sein! Und wenn ich in diesem Augenblick auch noch nicht
genug bin, versichere ich euch, daß ich bald viel mehr sein
werde als ich je vorher war – und dann können wir über all
dies noch einmal plaudern, aber auf einer ein bißchen anderen
Plattform! Matt! *Hugo ab.*

FRAU PLUDEK: Du, Oldrich –

PLUDEK: Was gibt's?

FRAU PLUDEK: Er hat gar nicht so schlecht gesprochen, nicht
wahr?

PLUDEK: Er hat ausgezeichnet gesprochen! Und warum?

FRAU PLUDEK: Warum?

PLUDEK: Weil er offensichtlich die gesunde Philosophie des Mittelstands im Blut hat! Du weißt – nach Kuttenberg ist nicht
einmal Onkel Jaros ohne Galoschen gekommen! *Singend:*
Das Volk der Tschechen wird nie untergehn,
wird ruhmreich Not und Elend überstehn...

FRAU PLUDEK: Sofern es nicht von China überrannt wird – dann
kräht kein Hahn mehr nach uns.
In diesem Augenblick hört man ein Krähen aus dem Schrank.

PLUDEK: Bozka, sie sind schon da!
Aus dem Schrank kommt Plzak, geht zur Rampe.

PLZAK *zum Publikum*: – Und jetzt geht so irgendwie ohne über-
flüssige Diskussionen auseinander!

Dunkel

Die Benachrichtigung

Schauspiel

GEWIDMET
DEM SCHAUSPIEL-ENSEMBLE
DES THEATER AM GELÄNDER IN PRAG

Ergänzte und korrigierte
Textfassung (1983)

Beitrag von Václav Havel für das Programmheft des Wiener Burgtheaters aus Anlaß der Premiere ‹Die Benachrichtigung› in der ergänzten und korrigierten neuen Textfassung am 7. Oktober 1983.

Die erste Fassung der ‹Benachrichtigung› habe ich vor 23 Jahren, die endgültige Fassung vor 20 Jahren geschrieben, vor 18 Jahren wurde das Stück uraufgeführt. Seit dieser Zeit habe ich es nicht gelesen. Erst heute, angeregt von der Vorbereitung seiner neuen Inszenierung im Wiener Burgtheater, habe ich es wieder gelesen. Und ich gebe zu, es war für mich ein sehr eigenartiges Erlebnis.

Selbstverständlich hatte ich tausend verschiedene Einwände, ich fühlte, was ich heute vielleicht anders schreiben würde, aber gleichzeitig – es wird wohl nicht allzu prahlerisch wirken, wenn ich das preisgebe – war ich von einigen Dingen überrascht, zum Beispiel davon, daß ich in diesem Stück auf einmal sehr stark einen Abschnitt der Geschichte meines Landes fühlte, und zwar nicht nur die Geschichte, die der Niederschrift dieses Stücks vorausging, sondern auch die – und gerade das verblüffte mich am meisten –, die erst danach kam. Es war darin also nicht nur der Februar 1948 (einschließlich des Zusammenbruchs der damaligen Demokratie, repräsentiert von Präsident Beneš, diesem tragischen Gross der tschechoslowakischen Politik), es waren darin nicht nur die fünfziger Jahre mit ihren Prozessen, es war darin nicht nur der halbherzige und eher vorgetäuschte als wirkliche Versuch eines Wandels vom Ende der fünfziger Jahre, sondern ich fand dort auch eine Art Phänomenologie der allmählichen Zersetzung der Ära Novotný, des Prager Frühlings und seines Verrats in der Form der sogenannten Normalisierung. Die perfide Art, mit der sich Balas nach dem Zusammenbruch der Ptydepe Asche aufs Haupt streut, um sich auf diese Weise eine Position in der zukünftigen Ära des Chorukor zu sichern, erinnerte mich auf einmal stark an das Betragen vieler unserer politischen Vertreter aus dem Jahre 1968, als sie öffentlich Buße taten, sich an die Brust schlugen und beteuerten, niemals mehr vom rechten

Weg abzuweichen, um so – wenn der rechte Zeitpunkt kommt – mit dem fortfahren zu können, was sie früher getan haben, nur ein bißchen geschickter (und deshalb gefährlicher) und unter einer ein bißchen anders gefärbten Fahne. Und in Gross, der – um angeblich seine Behörde vor Balas zu retten – wiederum bereit ist, alles zu tun, was ihm Balas befiehlt, sah und hörte ich plötzlich viele meiner ehemaligen Freunde und Bekannten, die heute einflußreiche Funktionen wahrnehmen und alles verteidigen, was sie darin tun, in genau der widersinnigen Weise, in der angeblich Werte dadurch erhalten werden, daß man sie systematisch vernichtet.

‹Die Benachrichtigung› ist selbstverständlich kein Stück über die tschechoslowakische Geschichte, sondern ein allgemeines Gleichnis, das etwas über den Menschen und die Gesellschaft überhaupt sagen will. Es stützt sich dabei freilich – wie sollte es anders sein – auf Erfahrungen, die sein Autor in dem Teil der Welt gemacht hat, in dem er geboren wurde und in dem zu leben ihm das Schicksal bestimmt hat. Daß er dabei – ohne es zu ahnen – die Zukunft voraussagte, ist natürlich nicht das Werk seines besonderen Weitblicks, sondern folgte aus dem Wunder dessen, was wir unter Kunst, Literatur, Drama verstehen, in dem der Autor eigentlich immer nur Medium ist, durch das – während gewisser, glücklicher Konstellationen – etwas spricht, das ihn überragt: nämlich die Wahrheit. Der Autor entdeckt diese Wahrheit also nicht; sie offenbart sich selbst, und er öffnet sich dieser Offenbarung dadurch, daß er seiner Sache dient, sich ergeben von ihrer inneren Logik tragen läßt und nicht hoffärtig versucht, über sie zu herrschen. Es ist also nicht die Gabe der Souveränität, sondern eher die verwunderter Ergebenheit, die uns die Chance gibt, daß uns die Wahrheit berührt, oder genauer: daß die Wahrheit unsere Arbeit berührt. Ich bin schrecklich neugierig, ob die seltsame Aktualität, die ich, im Kontext der Gesellschaft, in der ich heute lebe, und auf dem Hintergrund all dessen, was ich in der Zwischenzeit durchlebt habe, in diesem meinem alten Stück fand, wirklich verspricht, daß auch die allgemeine Botschaft dieses Stücks heute lebendig ist oder ob es nur um einen Eindruck geht, der aus einer spezifischen, lokalen und unübertragbaren

Erfahrung kommt. Wie das sein wird, werde natürlich nicht ich beurteilen können, sondern nur die Zuschauer der neuen Inszenierung in Wien. Auf weniges bin ich so neugierig wie auf ihre Reaktion. Vielleicht glaubt man mir, daß mich das nicht wegen des Schicksals meines zukünftigen literarischen Ruhms interessiert, sondern aus einer tieferen Neugier heraus, nämlich aus dem Interesse an der Sache selbst, an dem Problem der künstlerischen Transzendenz.

In Prag kann ‹Die Benachrichtigung› nicht gespielt werden, und wenn sie gespielt werden kann, wird das erst in einer Zeit sein, in der eine Unzahl von Balas erneut beteuern wird – das wievielte Mal schon! –, nie mehr die Menschlichkeit zu verraten, und eine Unzahl von Gross wird versprechen, niemals mehr vor den Balas zurückzuweichen. So daß ich also nicht nur als Bürger, sondern auch als Mensch, dessen Ausdauer wie bei jedem anderen ihre Grenzen hat, mir nur eines wünschen sollte: daß das Stück endlich aufhört, in der Tschechoslowakei gültig zu sein.

Václav Havel, 19. August 1983

Die Besetzung der Uraufführung von ‹*Vyrozuměnì*› in Prag
im Theater am Geländer am 26. Juli 1965

JOSEF GROSS	Josef Chvalina
JAN BALÁŠ	Jan Libiček
ZDENĚK MAŠÁT	Zdeněk Procházka
JAN KUNC, *ptydomet*	Jan Přeučil
HELENA	Helena Lehká
MARIE	Marie Málková
HANA	Hana Smrčková
J. V. PERINA	Václav Mareš
VÁCLAV KUBŠ	Václav Sloup
JIRKA	Jiři Krampol
IVO KALOUS	Ivo Palec
ŠUBA	Václav Sloup
	Lída Engelová
ÚŘEDNÍCI	Ladislav Klepal
	Andrej Krob

Bühnenbild:	Boris Soukup
Regie:	Jan Grossman

Die Besetzung der deutschsprachigen Erstaufführung von ‹*Die Benachrichti-gung*› in Berlin in der Werkstatt des Schiller-Theaters am 13. Februar 1965

JOSEF GROSS, *Direktor des Amtes*	Horst Bollmann
JOHANN BALAS, *Stellvertretender Direktor*	Lothar Blumhagen
JAN MORAT, *Leiter der Übersetzungszentrale*	Claus Holm
DR. STENEK KUNZ, *Ptydomet*	Friedrich Siemers
HELENA, *Vorsitzende*	Else Reuß
MARIE, *Sekretärin der Übersetzungszentrale*	Christa Witsch
HANNA, *Sekretärin des Direktors*	Ilse Pagé
PERINA, *Ptydepelehrer*	Jürgen Thormann
HANS KUBSCH	Till Hoffmann
JIRKA, *Beobachter*	Krikor Melikyan
KALOUS, *Beamter*	Henning Schlüter
SCHUBA	Till Hoffmann
	Klaus Jepsen
DREI BEAMTE	Georg Völkel
	Rita Engelmann

Bühnenbild:	H. W. Lenneweit
Regie:	Dieter Giesing

Personen

JOSEF GROSS, *Direktor des Amtes*
JOHANN BALAS, *Stellvertretender Direktor*
JAN MORAT, *Leiter der Übersetzungszentrale*
DR. STENEK KUNZ, *Ptydomet*
HELENE, *Vorsitzende*
MARIE, *Sekretärin der Übersetzungszentrale*
HANNA, *Sekretärin der Direktors*
PERINA, *Ptydepelehrer*
HANS KUBSCH
JIRKA, *Beobachter*
KALOUS, *Beamter*
SCHUBA
DREI BEAMTE

Szene: Gleichbleibender Grundriß: ein Büroraum mit zwei Türen. Die drei Bühnenbilder unterscheiden sich nur durch andere Möbel und Requisiten.

Erstes Bild

Das Büro des Direktors: In der Mitte ein Schreibtisch, an der Seite ein kleiner Tisch, an der Rückwand ein Feuerlöschgerät, in der Ecke ein Kleiderständer. Gross, der Direktor, tritt auf, legt seinen Mantel ab, setzt sich wie jeden Morgen an seinen Schreibtisch, öffnet gleichgültig die Post, die er auf dem Schreibtisch vorfindet, wirft einige Briefe in den Papierkorb, legt andere wieder weg, nachdem er sie halblaut und undeutlich gelesen hat. («Bestätigen dankend den Erhalt Ihres Schreibens vom...» und «Werden auf Ihr Angebot zu gegebener Zeit zurückkommen...» usw.) Bei einem Brief stutzt er, liest ihn laut; zunächst relativ schnell, dann stockend.

GROSS *liest*: Ra ko hutu dekotu ely trebomu emusche, vdegar yd, stro renu er gryk kendy, alyv zvyde dezu, kvyndal fer tekonu sely. Degto yl tre entvester kyleg go: orka eply y bodur depydepe emete. Grojto af xedob yd, kyzem ner osonfterte ylem kho dent d de det detrym gynfer bro enomuz fechtal agni laj kys defyi rokuroch bazuk suhelen. Gykvom ch ch lopve rekto elkvestrete. Dyhap zuj bak dygalox ibem nyderix tovah gyp. Yikte juh geboj. Fyx dep butrop go –
Gross hat nicht bemerkt, daß mittlerweile durch die Seitentür Balas und Kubsch leise eingetreten sind. Balas räuspert sich. Gross erschrickt und dreht sich um.
Sie sind hier?
BALAS: Diesen Moment...
GROSS: Ich habe Sie gar nicht...
BALAS: Wir sind leise hereingekommen.
GROSS: Was gibt es?
BALAS: Wir haben eine Frage.
GROSS *schroff*: Ja, bitte?
BALAS: Wo soll Kubsch die Posteingänge registrieren?
GROSS: Aber Herr Balas, das ist doch klar: im Posteingangsbuch.

BALAS: Das ist vollgeschrieben. Stimmt's, Kubsch?

Kubsch nickt. – Kubsch kennt nur drei Reaktionen: er nickt zustimmend, er schüttelt verneinend den Kopf oder er zeigt durch Achselzucken, daß er sich nicht äußern will.

GROSS: Schon?

BALAS: Leider Gottes.

GROSS: Dann muß eben ein neues angeschafft werden!

BALAS: Für ein neues sind keine Etatmittel vorhanden. Nicht wahr, Kubsch?

Kubsch schüttelt den Kopf.

GROSS: Wieso? War denn für dieses Quartal nicht die Anschaffung von zwei Eingangsbüchern eingeplant?

BALAS: Stimmt. Aber im Rahmen der Sparmaßnahmen hat man uns alle beantragten Anschaffungen um die Hälfte gekürzt, so daß wir nur ein Buch kaufen konnten, und das ist, wie gesagt, voll. Nicht wahr, Kubsch?

Kubsch nickt, Gross gibt ihm Geld.

GROSS: Da. Für ein neues!

Kubsch sieht Balas vielsagend an und nimmt das Geld; beide verbeugen sich höflich.

BALAS: Danke, Herr Direktor, herzlichen Dank.

Balas und Kubsch gehen durch die Seitentür ab. Gross nimmt wieder den Brief und betrachtet ihn aufmerksam. Durch die hintere Tür kommt Hanna herein, im Mantel und mit Handtasche.

HANNA: Guten Morgen.

GROSS: Guten Morgen.

Hanna hängt ihren Mantel auf den Kleiderständer, zieht sich andere Schuhe an, setzt sich dann an den kleinen Schreibmaschinentisch, nimmt aus der Tasche Kamm und Spiegel, lehnt den Spiegel an die Schreibmaschine und beginnt sich zu kämmen. Das Frisieren bleibt ihre Hauptbeschäftigung während des ganzen Stücks. Sie unterbricht es nur in dringenden Fällen, meist für die Einkäufe während der Bürozeit. Gross betrachtet sie verstohlen eine Weile, dann wendet er sich an Hanna.

HANNA: Bitte, Kollege Direktor?

GROSS *zeigt ihr den Brief*: Wissen Sie nicht, was das ist?

HANNA *überfliegt den Brief*: Das ist eine sehr wichtige amtliche Benachrichtigung, Kollege Direktor.

GROSS: Es sieht aus wie zufällig zusammengewürfelte Buchstaben.

HANNA: Das sieht nur so aus, auf den ersten Blick vielleicht. In Wirklichkeit hat es aber sein festes System. Das ist nämlich Ptydepe.

GROSS: Ja, was?

HANNA: Ptydepe.

GROSS: Ptydepe? Was ist das?

HANNA: Die neue Amtssprache, die sie jetzt in unserem Amt einführen. *Im gleichen Tonfall und ohne Pause:* Kann ich mir Milch holen?

GROSS: In unserem Amt wird eine neue Sprache eingeführt? Wieso weiß ich nichts davon?

HANNA: Die werden wohl vergessen haben, es Ihnen zu sagen. Kann ich mir Milch holen?

GROSS: Wer hat sich das ausgedacht?

HANNA: Es ist anscheinend irgendeine höhere Aktion. Hilde sagte mir, daß sie bei ihnen jetzt auch damit angefangen haben.

GROSS: Und mein Stellvertreter weiß davon?

HANNA: Ja. Kann ich mir Milch holen?

GROSS: Ja, laufen Sie.

Hanna nimmt aus ihrer Tasche eine leere Milchflasche und geht schnell durch die hintere Tür. Gross geht nachdenklich im Raum auf und ab und bemerkt wieder nicht, daß inzwischen Balas und Kubsch durch die Seitentür eingetreten sind. Balas räuspert sich.

BALAS: Wir wollten Ihnen nur sagen, daß wir soeben ein neues Evidenzheft gekauft haben. Nicht wahr, Kubsch? Es liegt auf Kubschs Tisch. Stimmt's?

Kubsch nickt.

GROSS: Na also!

BALAS: Die müssen es aber in der Evidenzabteilung in Evidenz nehmen.

GROSS: Weshalb?

BALAS: Das neue Heft ist nicht von der Einkaufsabteilung registriert, weil es nicht mit Amtsgeldern gekauft wurde und deshalb de jure nicht existiert. Nicht wahr, Kubsch?

Kubsch nickt.

GROSS: Sagen Sie ihnen, sie sollen es auf meine Anordnung und auf meine persönliche Verantwortung in Evidenz nehmen. Ich habe jetzt eine sehr gute Position, so daß ich es mir erlauben darf.

BALAS: Ausgezeichnet! Könnten Sie uns das der Einfachheit halber schriftlich geben?

GROSS: Ich riskiere gern etwas, aber ich bin ja schließlich kein Hasardeur, nicht wahr? Die mündliche Anordnung muß Ihnen genügen.

BALAS: Wollen versuchen, denen das begreiflich zu machen *[oder: sie zu überreden]*! Komm, Kubsch.

Kubsch und Balas wollen weggehen, Gross hält sie zurück.

GROSS: Kollege Vizedirektor!

BALAS: Bitte, Kollege Direktor.

GROSS: Sie wissen etwas über die neue Sprache?

BALAS: Ich habe etwas davon gehört. Ich glaube, Kollege Kubsch hat mir vor einiger Zeit etwas darüber gesagt. Hast du es mir nicht erzählt, Kubsch?

Kubsch nickt.

GROSS: Können Sie mir sagen, wer den Auftrag gegeben hat, sie hier bei uns einzuführen?

BALAS: Wer den Auftrag gegeben hat? Weißt du das, Kubsch?

Kubsch zuckt die Achseln.

GROSS: Ich war es nicht. Also können doch nur Sie es gewesen sein, Kollege Balas.

BALAS: Unsereiner gibt tagtäglich so viele Aufträge, da kann man sich unmöglich an alles genau erinnern.

GROSS: Und Sie haben es nicht für nötig gehalten, sich mit mir zu beraten?

BALAS: Ich wollte Sie mit solchem Blödsinn nicht belästigen.

GROSS: Sie sind aber ein Tölpel, Kollege Balas.

BALAS: Es wird nie wieder vorkommen.

GROSS: Weshalb haben die das eigentlich eingeführt?

BALAS: Es handelt sich um ein Experiment. Es soll angeblich die amtliche Korrespondenz präzisieren und ihre Terminologie neu ordnen. Sage ich das so richtig, Kubsch?

Kubsch nickt.

GROSS: Und das hat jemand von oben angeordnet?

BALAS: Nicht direkt –

GROSS: Also wenn ich ehrlich sein soll: Das Ganze gefällt mir nicht. Versprechen Sie mir, daß Sie das Ganze noch heute in irgendeiner passenden Form einstellen. Wir lassen uns doch von niemandem zu Versuchskaninchen machen.

Durch die rückwärtige Tür kehrt Hanna mit der Milch zurück.

HANNA *zu Balas*: Guten Morgen.

Hanna stellt die Milch auf den Tisch, öffnet die Flasche, trinkt und kämmt sich wieder.

BALAS: Ich widerrufe also meine Anweisungen und will versuchen, alle bisher herausgegebenen Ptydepe-Texte einzuziehen und sie wieder in die normale Sprache übersetzen zu lassen. *Zu Hanna:* Guten Morgen.

GROSS: Ich bitte darum.

BALAS: Wir lassen uns doch von niemandem zu Versuchskaninchen machen.

GROSS: Na also.

BALAS: Komm, Kubsch.

Balas und Kubsch gehen durch die Seitentür ab. Gross geht zu Hannas Milchflasche.

GROSS: Darf ich?

HANNA: Selbstverständlich, Kollege Direktor.

Gross trinkt, setzt sich dann. Pause.

GROSS: Merkwürdige Beziehung zwischen den beiden.

HANNA: Ich weiß darüber eine Reihe von Einzelheiten.

GROSS: Ich will es nicht hören. Beide sind beispielhafte Mitarbeiter; alles andere interessiert mich nicht. *Pause. Gross betrachtet wieder den Brief, dann wendet er sich an Hanna:* Ein Glück, daß ich das noch rechtzeitig stoppen konnte. Haben Sie denn geglaubt, daß das jemand lernt?

HANNA: In unserem Amt ist ein spezielles Ptydepe-Seminar eingerichtet worden.

GROSS: Was – ein Ptydepe-Seminar? Geht denn da überhaupt jemand hin?

HANNA: Alle – außer Ihnen, Kollege Direktor.

GROSS: Im Ernst?

HANNA: So ist es angeordnet worden.

GROSS: Von wem?

HANNA: Von Ihrem Kollegen Stellvertreter.

GROSS: Was? Davon hat er mir aber nichts gesagt. *Pause.* Ich verstehe sowieso nicht, wie die Beamten bei uns dieses Ptydepe benutzen können, wo doch die meisten es noch gar nicht lernen konnten.

HANNA: Dafür ist das Übersetzungszentrum da, aber nur als vorläufige Einrichtung, bis alle Ptydepe gelernt haben. Dann soll daraus eine Ptydepe-Beratungsstelle werden. Kann ich mir Brötchen holen?

GROSS: Sieh mal an, eine Übersetzungszentrale! Wo haben sie denn alles untergebracht?

HANNA: Das Übersetzungszentrum ist im 1. Stock, Zimmer 6.

GROSS: Da ist doch die Buchhaltung.

HANNA: Die Buchhaltung ist in den Keller verlegt. Kann ich mir Brötchen holen?

GROSS: Hat er das auch angeordnet?

HANNA: Ja.

GROSS: Auf diese Weise kann man nicht arbeiten. Das ist eine schwerwiegende Sache.

HANNA: Kann ich mir Brötchen holen?

GROSS: Ja, laufen Sie.

Hanna nimmt aus ihrer Tasche ein Netz und geht durch die hintere Tür. Balas und Kubsch kommen wiederum unbemerkt durch die Seitentür herein. Balas räuspert sich.

Was gibt's?

BALAS: Kollege Direktor, Sie müssen uns Ihre Anordnung doch noch schriftlich geben.

GROSS: Ich denke nicht daran. Wenden Sie sich doch an die oben.

BALAS: Wenn Sie unterschreiben, dann erleichtern Sie dadurch unseren Beamten die Arbeit – die brauchen dann nämlich nicht über jeden Eingang einen Evidenzbeleg auszustellen –, und in Anbetracht des Geredes, das man in letzter Zeit hier so hört, wäre es darüber hinaus auch taktisch richtig von Ihnen. Stimmt's, Kubsch?

Kubsch nickt.

GROSS: Was für ein Gerede?

BALAS: Na, über die dumme Geschichte mit dem Stempel.

GROSS: Stempel? – Über welchen Stempel?

BALAS: Bei der letzten Inventur hat sich angeblich herausgestellt, daß Sie ab und zu den Stempel mit nach Hause genommen haben, so für die Kinder zum Spielen.

GROSS: Was ist das für ein Unsinn? Den Stempel habe ich wohl zeitweise zu Hause, aber nicht zum Spielen. Ich muß mir die Fakturen mit in die Wohnung nehmen, damit ich sie termingerecht unterschreiben kann.

BALAS: Uns brauchen Sie das nicht zu erklären, Kollege Direktor, aber Sie kennen doch die Leute.

GROSS: Und Sie meinen, daß die Geschichte dadurch aus der Welt geschafft wäre?

BALAS: Ich garantiere das.

GROSS: Also gut, dann bereiten Sie meinetwegen die Anordnung vor, ich unterschreibe –

Balas nimmt schnell aus der Brusttasche ein zusammengefaltetes Papier, breitet es vor Gross aus.

BALAS: Bitte, Kollege Direktor, hier ist sie.

Gross unterschreibt.

Balas faltet schnell das Papier zusammen: Danke schön, Kollege Direktor. Herzlichen Dank im Namen der Kollegen des gesamten Amtes.

GROSS: Kollege Stellvertreter –

BALAS: Sie wünschen, Kollege Direktor?

GROSS: Haben Sie die Einführung von Ptydepe schon abgeschafft?

BALAS: Vorläufig noch nicht.

GROSS: Wieso nicht?

BALAS: Wir warten auf den geeigneten Moment. Jetzt ist oben angeblich nicht die richtige Stimmung dafür. Wir möchten nicht, daß das Ganze sich irgendwie gegen uns wendet, nicht wahr, Kubsch?

Kubsch nickt.

GROSS: Das sind doch Ausreden!

BALAS: Kollege Direktor, Sie scheinen uns nicht zu glauben, und das kränkt uns.

GROSS: Sie haben mich übergangen. Sie haben die Buchhaltung in den Keller verlegt…

BALAS: Kollege Direktor, das ist nur die halbe Wahrheit.

GROSS: Und die andere Hälfte?

BALAS: Daß ich angeordnet habe, im nächsten Jahr eine Entlüftungsanlage im Keller zu installieren. Kubsch, habe ich das nicht angeordnet?

Kubsch nickt.

GROSS: Und wie ist's mit dem Licht?

BALAS: Die Hilfsbuchhalterin hat von zu Hause eine Kerze mitgebracht.

GROSS: Wenn das nur stimmt.

BALAS: Kubsch, sag, hat sie sie nicht mitgebracht?

Kubsch zuckt mit den Schultern.

Kubsch weiß nichts davon, aber sie hat bestimmt eine mitgebracht, Sie können sich doch davon überzeugen.

GROSS: Wie dem auch sei, Sie haben mich trotzdem übergangen. Sie haben ein Ptydepe-Seminar und ein Übersetzungszentrum einrichten lassen, und Sie haben die Anordnung gegeben, daß alle pflichtgemäß Ptydepe lernen müssen.

BALAS: Außerhalb der Arbeitszeit.

GROSS: Das spielt keine Rolle.

BALAS: Ich gebe zu, daß ich Sie in Arbeitsangelegenheiten nicht übergehen darf. Aber bei Anordnungen, die die Freizeit betreffen, bin ich doch mein eigener Herr.

GROSS: Darauf habe ich im Moment keine treffende Antwort parat, aber es gibt bestimmt eine.

BALAS: Vielleicht ja, vielleicht nein. So oder so. Es geht uns in diesem Moment um nichts anderes als um den Nutzen und das Wohl unseres Amtes. Stimmt's, Kubsch?

Kubsch nickt.

Kollege Direktor, wir haben zu Ptydepe selbstverständlich dieselbe kritische Einstellung wie Sie. Wir meinen jedoch, daß es uns sehr helfen wird, wenn wir vor dem unvermeidlichen Zusammenbruch der Aktion – *zynisch gemeint* – noch eine gewisse Teilinitiative nachweisen können, und wer weiß, ob man uns nicht gerade deswegen das Buffet genehmigt, das wir schon seit langem gefordert haben. Stellen Sie sich nur vor, unsere Beamten müßten dann nicht mehr in die Stadt laufen, um für ihre Jause zu sorgen.

GROSS: Vielleicht verhelfen wir uns dadurch wirklich zu dem Buffet, aber das ändert nichts an der Tatsache, daß Sie mich mehrmals umgangen haben und daß Sie hier in der letzten Zeit zu viele Sachen auf eigene Faust machen.

BALAS: Ich? Na, erlauben Sie! Wir kommen, um uns mit Ihnen zu beraten, auch über einen solchen Blödsinn wie es die Frage eines neuen Evidenzhefts ist. Sie tun uns sehr unrecht.

GROSS: Kollege Stellvertreter, ich mache Ihnen einen Vorschlag.

BALAS: Welchen?

GROSS: Lassen Sie uns mal ganz offen und ehrlich miteinander reden. Das vereinfacht grundsätzlich die Situation und beschleunigt die Klärung der Standpunkte.

BALAS: Wollen wir darauf eingehen, Kubsch?

Kubsch nickt.

Einverstanden.

GROSS: Weshalb haben Sie gesagt, auch Sie hätten eine kritische Einstellung zu Ptydepe und es ginge Ihnen nur um das Buffet, wenn Sie in Wirklichkeit doch an Ptydepe glauben und für seine schnellste Einführung sind?

BALAS: Das war Taktik.

GROSS: Bißchen kurzsichtig, wie?

BALAS: Möcht ich nicht mal sagen –

GROSS: Es mußte Ihnen doch klar sein, daß ich früher oder später Ihre Absichten durchschauen würde.

BALAS: Wir wußten, daß Sie uns Hindernisse in den Weg legen würden. Wir wußten, daß Sie dagegen sein würden. Uns ging es darum, daß Sie unser Ziel erst in dem Augenblick begreifen, wo wir schon auf entsprechend festen Beinen stehen würden und uns deshalb auch Ihren Hindernissen erfolgreich widersetzen können. Es ging uns darum, Sie vor vollendete Tatsachen zu stellen. Jetzt sind Sie gegen uns machtlos. Die erdrückende Mehrheit der Beamten steht geschlossen hinter uns, weil sie wissen, daß einzig und allein Ptydepe imstande ist, ihrer Arbeit eine wissenschaftliche Basis zu geben. Ist es nicht so, Kubsch?

Kubsch nickt.

GROSS: Aber Sie vergessen, daß die Verantwortung für unser Amt in meine Hände gelegt ist, dem das Vertrauen gegeben wurde. Es liegt daher an mir zu beurteilen, was dem Interesse unseres Amtes dient und was nicht. Vorläufig bin ich hier noch Direktor.

BALAS: Den Standpunkt der Massen können Sie nicht mißverstehen. Das ganze Amt siedet und brodelt und wartet auf ein Wort von Ihnen.

GROSS: Ich lasse mir nichts von der Straße diktieren.

BALAS: Sie nennen es Straße, wir nennen es Masse.

GROSS: Sie nennen es Masse. Es ist aber die Straße. Ich bin Humanist, und meine Konzeption für die Leitung dieses Amtes beruht auf der Idee, daß jeder Beamte Mensch ist und immer mehr Mensch werden muß. Wenn wir ihm seine menschliche Sprache nehmen, die durch vielhundertjährige Tradition nationaler Kultur gebildet wurde, machen wir es ihm unmöglich, voll und ganz Mensch zu sein und stürzen ihn so direkt in die Klauen der Entfremdung. Ich bin für Genauigkeit im Amtsverkehr, aber nur in dem Maße, in dem sie den Menschen harmonischer macht. Im Geiste dieser meiner innerlichen Überzeugung kann ich deshalb niemals meine Zustimmung zur Einführung von Ptydepe geben.

BALAS: Sie sind also bereit, es auf einen offenen Konflikt ankommen zu lassen?

GROSS: Den Kampf für den Sieg von Vernunft und Sittlichkeit stelle ich über den Frieden für den Preis ihres Verlusts.

BALAS: Was sagst du dazu, Kubsch?

Kubsch zuckt verlegen mit den Schultern.

GROSS: Die Folgerungen, die ich daraus ziehen müßte, wären für niemanden angenehm, und für Sie am allerwenigsten.

Kurze Pause. – Durch die Tür hinten kommt Hanna mit dem Netz voller Brötchen. Sie schüttet sie in ihre große Handtasche, setzt sich und kämmt sich wieder. Balas wendet sich an Kubsch.

BALAS: Für ein sachliches Gespräch scheint er vorläufig nicht reif zu sein. Wir haben ihn überschätzt. Macht nichts. Wir geben ihm noch – *schaut auf seine Uhr* – was meinst du – eine Stunde Zeit?

Kubsch nickt.

Eine Stunde. Die Zeit arbeitet für uns. Nach einer Stunde werden wir ihn nicht mehr hätscheln. Die Geduld der Massen ist groß, aber nicht unendlich. Er wird's bedauern. Gehen wir.

Balas und Kubsch gehen durch die Seitentür ab.

GROSS: Unerhört!

Gross sieht wieder die Benachrichtigung, nimmt sie in die Hand, sieht eine Weile darauf und wendet sich dann an Hanna:

Hannchen!

HANNA: Bitte, Kollege Direktor?

GROSS: Können Sie eigentlich Ptydepe?

HANNA: Nein.

GROSS: Wie haben Sie dann erkannt, daß es eine wichtige amtliche Benachrichtigung ist?

HANNA: In der ersten Etappe ist Ptydepe nur zur Formulierung ganz bestimmter wichtiger Amtsbenachrichtigungen benutzt worden, die jetzt nach und nach unseren Beamten zugestellt werden.

GROSS: Und worum geht es in diesen Benachrichtigungen?

HANNA: Angeblich werden darin grundsätzliche Beschlüsse mitgeteilt, wie sie auf Grund der letzten Inventur in den einzelnen Abteilungen sich ergeben.

GROSS *erregt*: Wirklich? Welcher Art sind die Beschlüsse?

HANNA: Ganz verschieden – angeblich sehr positiv, aber auch sehr negativ.

GROSS *für sich*: Verflixter Stempel! – Woher wissen Sie das alles?

HANNA: Das habe ich heute morgen im Milchladen gehört.

GROSS: Wo, sagten Sie, ist das Übersetzungszentrum?

HANNA: Im 1. Stock, Zimmer 6. Man muß durch das Ptydepe-Seminar hindurchgehen.

GROSS: Aha, ich weiß, die frühere Buchhaltung. Ich gehe zum Mittagessen –

Gross nimmt seine Benachrichtigung vom Tisch und geht schnell durch die Hintertür ab.

HANNA *ruft ihm nach*: Lassen Sie sich's gut schmecken, Kollege Direktor. Heute gibt's Gans!

Zweites Bild

Ptydepe-Seminar: Das Katheder, fünf Stühle. Hinter dem Katheder steht Perina und trägt vier Beamten vor, die mit dem Rücken zum Zuschauer sitzen, unter ihnen Kalous.

PERINA: Wie Sie wissen, ist Ptydepe eine synthetische Sprache auf streng wissenschaftlicher Grundlage mit maximal rationeller Grammatik und exorbitant reichem Wortschatz. Diese Sprache ist absolut exakt und somit imstande, die subtilen Feinheiten der wichtigen amtlichen Schriftstücke viel genauer zu formulieren als irgendeine natürliche Sprache. Das Resultat dieser Exaktheit ist verständlicherweise die außerordentliche Kompliziertheit und der große Schwierigkeitsgrad von Ptydepe; in den nächsten Monaten erwartet Sie daher intensive Arbeit, welche nur dann von Erfolg gekrönt sein kann, wenn Sie sich auf Fleiß, Ausdauer, Disziplin, Begabung und ein gutes Gedächtnis stützen. Und natürlich auf den Glauben, denn ohne ungebrochenen Glauben an Ptydepe hat noch niemand Ptydepe erlernt.

Und nun kurz und bündig einige Grundprinzipien von Ptydepe: Die natürlichen Sprachen sind elementar, ohne jede Kontrolle, mit anderen Worten: unwissenschaftlich entstanden und damit in gewissem Sinn das Werk von Laien. Der für den Amtsverkehr wichtigste Mangel der natürlichen Sprachen ist die Unzuverlässigkeit, die sich aus der mangelnden Eindeutigkeit und Unverwechselbarkeit ihrer Grundeinheiten, der Worte, ergibt. Aber erst bei der Verwendung als Amtssprache zeigen sich ihre schwerwiegenden Mängel. Bei ihnen kommt es nämlich immer wieder zu Verwechslungen zwischen den sprachlichen Grundeinheiten, den sogenannten Wörtern. Sie alle wissen, daß es für die natürlichen Sprachen manchmal genügt, nur einen Buchstaben mit einem anderen zu verwechseln, oder einen Buchstaben wegzunehmen, und die ganze Bedeutung eines Wortes ändert sich; denken sie an

Kuh – Ruh, Besen – lesen, oder bei Wegfall eines Buchstabens,
an Rehe – Ehe, Krampf – Kampf. Und da rede ich schon gar
nicht von den Homonymen. Welche Unannehmlichkeiten im
Amtsverkehr kann es verursachen, wenn sich zwei Worte mit
verschiedenen Inhalten gleich schreiben. Wie zum Beispiel
Mann – man *[zwei weitere Beispiele]*. Ptydepe hat nun die
Aufgabe, die Verwechselbarkeit der Wörter zielstrebig zu be-
grenzen. Und dadurch Informationen von so großer Präzision
und Eindeutigkeit zu vermitteln, wie eine natürliche Sprache
sie nicht erreichen kann. Dabei geht Ptydepe von folgender
Voraussetzung aus: Wenn zwei Wörter sich deutlich voneinander unterscheiden sollen, müssen sie aus möglichst am
wenigsten wahrscheinlichen Buchstabenkombinationen gebildet werden, das heißt, die Wortbildung muß von jenen
Prinzipien ausgehen, die zu größtmöglicher Redundanz der
Sprache führen. Der Sinn von Ptydepe ist es zu garantieren,
jeder Mitteilung durch die zielstrebige Einschränkung der
Ähnlichkeiten zwischen den Wörtern, ein solches Maß an
Präzision, Zuverlässigkeit und Eindeutigkeit zu garantieren,
die in keiner natürlichen Sprache erreichbar ist. Redundanz
nämlich – der Unterschied zwischen maximaler und wirk-
licher Entropie, bezogen auf die maximale Entropie, und in
Prozent ausgedrückt, betrifft gerade diese Überflüssigkeit, um
die das Ausdrücken von einer gewissen Information in der
gegebenen Sprache länger wird und dadurch weniger wahrscheinlich ist, als es das Ausdrücken dieser Information in
einer Sprache mit der maximalen Entropie wäre, in der alle
Buchstaben dieselbe Wahrscheinlichkeit des Vorkommens
haben. Kurz gesagt: eine je größere Redundanz eine Sprache
hat, desto zuverlässiger ist sie, weil dadurch die Gefahr kleiner wird, daß durch die Verwechslung eines Buchstabens,
durch Übersehen, Tippfehler oder Unachtsamkeiten der Sinn
eines Textes verändert wird.
*Gross tritt durch die Tür ein, die Benachrichtigung in der
Hand, geht durch den Raum und zur Seitentür hinaus.*
Wie erreicht nun Ptydepe diese hohe Redundanz in der Praxis? Ganz einfach: durch das Prinzip der sechzigprozentigen

Unähnlichkeit. Das heißt, jedes Ptydepe-Wort muß sich mindestens zu 60 Prozent seiner Buchstaben von einem anderen gleich langen Ptydepe-Wort unterscheiden – wobei sich ein x-beliebiger Teil *[Abschnitt]* auf die gleiche Art von dem x-beliebigen Ptydepe-Wort dieser Länge unterscheiden muß, das heißt, von einem x-beliebigen kürzeren Wort als dem, dessen Teil es ist. Ein Beispiel: Man kann auf allen Kombinationen von je fünf Buchstaben, deren es – ein Alphabet von 26 Buchstaben vorausgesetzt – 11 881 376 gibt, jene 432 Buchstabengruppen aussondern, die sich in je drei Buchstaben voneinander unterscheiden, oder präzise, in 60 Prozent, wobei unter Berücksichtigung weiterer Spracherfordernisse, die de facto nur von 17 der 432 möglichen Zusammensetzungen erfüllt werden, 17 echte Ptydepe-Wörter entstehen. Daraus geht klar hervor, daß Ptydepe viele sehr lange Wörter besitzt.

KALOUS *meldet sich*: Ach, bitte –

PERINA: Was gibt's?

KALOUS *steht auf*: Könnten Sie uns sagen, welches das längste Wort in Ptydepe ist? *Setzt sich*.

PERINA: Gewiß. Es ist die Bezeichnung für die Flußschwalbe. Sie besitzt 319 Buchstaben. Aber weiter: Wie löst Ptydepe das Problem der Übersichtlichkeit und Aussprechbarkeit so langer Wörter? Ganz einfach: Die Buchstaben werden im Wortinnern hier und da von Zwischenräumen unterbrochen, so daß jetzt das Wort aus einer bestimmten kleineren oder größeren Anzahl sogenannter Unterwörter gebildet wird. Dabei aber ist die Länge der Wörter nicht zufällig, wie eigentlich nichts in Ptydepe zufällig ist. Der Wortschatz von Ptydepe ist zunächst nach einem ganz logischen Prinzip aufgebaut. Je allgemeiner die Bedeutung, desto kürzer das Wort. So heißt beispielsweise der bis jetzt unbestimmte Begriff «irgend etwas» in Ptydepe «gh». Das ist also ein Wort von nur zwei Buchstaben. Es gibt zwar noch ein kürzeres Wort, nämlich «f», es hat aber vorläufig noch keinerlei Bedeutung. Kann mir einer von Ihnen sagen weshalb? Na?

Nur Kalous meldet sich.

Ja, Kalous?

KALOUS *steht auf*: Das ist für den Reservefall, falls die Wissenschaft noch etwas Unbestimmteres als «irgend etwas» entdecken sollte.

PERINA: Richtig, Kalous. Sie kriegen eine Eins!

Drittes Bild

Das Sekretariat der Übersetzungszentrale. Es hat etwas von einem Büro, einem Wartezimmer oder einem Vorzimmer. Ein Schreibtisch, mehrere Sessel, ein kleiner Konferenztisch. Auf dem Tisch sitzt Morat. Er hat auf dem Schoß eine Tüte mit Pfirsichen, die er mit Genuß ißt. Durch die Tür kommt Gross, mit seiner Benachrichtigung in der Hand.

GROSS: Guten Tag.

MORAT *mit vollem Mund*: Guten Tag.

GROSS: Ich möchte mich über den Betrieb *[Arbeitsablauf]* im Übersetzungszentrum informieren. Ich bin der Direktor dieses Amtes.

MORAT *mit vollem Mund*: Sie sind der Kollege Direktor?

GROSS: Ja. – Gross.

MORAT *rutscht langsam vom Tisch, wischt sich die Hände mit dem Taschentuch ab und wendet sich zu Gross*: Freut mich. Entschuldigen Sie, daß ich Sie nicht erkannt habe, aber ich bin erst kurz hier, konnte noch nicht alle Amtskollegen kennenlernen. Ich heiße Morat, Leiter des Übersetzungszentrums. Bitte, setzen Sie sich –
Morat ist mit dem Essen und dem Händeabwischen fertig, legt das Taschentuch zusammen und gibt Gross die Hand. Beide setzen sich. Morat zündet sich eine Zigarette an. Gross sucht in seinen Taschen, findet aber keine Zigaretten.
Was würde Sie im einzelnen interessieren? Es ist hier alles noch in den Windeln.

GROSS: Ich begreife.

MORAT: Wir ringen noch mit einer Reihe von Kinderkrankheiten.

GROSS: Das ist klar.

MORAT: Das Ganze ist keine einfache Sache.

GROSS: Natürlich. Ich möchte wissen, wie die Übersetzungsarbeit organisiert ist. Kann man auf die Übersetzung warten?

MORAT: Wir übersetzen jedem Angestellten unseres Amtes sofort jeden Ptydepe-Text, wenn er Bürger unseres Staates ist und die Genehmigung für eine Übersetzung hat.

GROSS: Dazu ist eine besondere Genehmigung notwendig?

Durch die Seitentür tritt Kunz ein.

KUNZ: Servus, Jan! Stimmt's, daß es heute mittag Gänsebraten gibt?

MORAT *springt auf*: Was? Heute soll es Gänsebraten geben?

KUNZ: Die aus dem Sekretariat haben es gesagt. Wenn ich essen geh, hol ich dich ab, ja?

MORAT: Aber bald, Doktor!

Kunz geht durch die Seitentür ab.

Gänsebraten esse ich nämlich für mein Leben gern! Worüber haben wir gesprochen?

GROSS: Sie sagten, daß für die Übersetzung eine Sondergenehmigung notwendig ist –

MORAT: Ah ja! Also schauen Sie: Wir Beamte benutzen zwar das Ptydepe, sind jedoch in dieser Sache keine Spezialisten. Wir sind eben keine Sprachwissenschaftler. Die Benutzung und die Entwicklung von Ptydepe darf also begreiflicherweise nicht ausschließlich in unseren Händen liegen. Das würde zu Unregelmäßigkeiten führen. Denn das Ptydepe könnte sich dann in unseren Händen in eine normale lebendige Sprache verwandeln, wodurch es selbstverständlich seinen Sinn verlieren würde. *Morat stutzt und steht plötzlich auf.* Pardon – *Morat nimmt eine Zeitung vom Tisch und geht schnell zur Seitentür hinaus.*

Gross sieht ihm überrascht nach, dann beginnt er von neuem, nach Zigaretten zu suchen, findet aber wieder keine.

Pause.

Helene tritt durch die Seitentür ein.

HELENE: Sag mal, war Jan nicht da?

GROSS: Ich weiß nicht, wer das ist.

HELENE: Ach, du bist nicht von hier?

GROSS: Im Gegenteil. Ich bin hier Direktor.

HELENE: Du bist das? Mensch, da mußt du dich irgendwie auch für das Buffet einsetzen, wirklich. Es ist doch schrecklich, daß

die Mädchen um die Jause weiß Gott wohin rennen müssen!
Denkt man hier überhaupt an Menschen?

GROSS: Und Sie sind – wer – bitte?

HELENE: Ich mach hier die Vorsitzende, aber du kannst ruhig
Hella zu mir sagen –

GROSS: Vorsitzende wovon, wenn ich kühn fragen darf?

HELENE: Das weiß ich noch nicht. Wir werden heute darüber
beraten. Aber Arbeit habe ich schon, daß ich nicht weiß, wo
mir der Kopf steht. Man hat sich hier noch nicht mal richtig
umgesehen, und schon soll man wie ein Kochlöffel in jedem
Dreck rühren. Einstweilen ciao! *Sie geht durch die Seitentür ab.*
Pause.
Gross durchsucht wieder seine Taschen. Dann schaut er auf
seine Uhr, wartet. Pause.
Endlich kommt Morat durch die Seitentür zurück, er geht
langsam, knöpft sich im Gehen die Hose zu und sagt –

MORAT: Sie sind wohl kein Freund von Gänsebraten?

GROSS: Doch, doch. Sie sprachen davon, daß die Beamten Ptydepe nicht unkontrolliert benutzen dürfen.

MORAT: Ach ja! Na und deshalb ist jedem Amt, welches Ptydepe einführt, extra ein Ptydepe-Methodiker zugeteilt, ein sogenannter Ptydomet, dessen Aufgabe es ist, fachmännisch
darauf zu achten, daß Ptydepe richtig verwendet wird. Unser
Ptydomet erledigt seine Aufgabe vor allem dadurch, daß er
für jede Übersetzung eine Sondergenehmigung erteilt, welche
es ihm ermöglicht, alle genehmigten Ptydepe-Übersetzungen
zu registrieren –
Durch die Tür hinten kommt die junge Sekretärin Marie mit
ihrem Netz voller Zwiebeln.

MARIE: Guten Tag!

GROSS: Guten Tag!

MARIE *geht durch die Seitentür ab. Hinter der Bühne*: Hier ist
die Zwiebel, Kollegin Vorsitzende.

HELENE *hinter der Bühne*: Legen Sie sie in den Schrank.

MORAT: – um damit die Unterlagen für die verschiedenen Statistiken zu gewinnen, auf Grund derer er dann die Benutzung
von Ptydepe regeln kann.

Durch die Seitentür kommt Marie mit dem leeren Einkaufs-
netz zurück, legt es in die Schublade, setzt sich an den Tisch
und beginnt zu arbeiten.

GROSS: Wenn ich also richtig verstanden habe, wird nur demje-
nigen eine Übersetzung bewilligt, der sich vom hiesigen Pty-
dometen die Sondergenehmigung besorgt hat.

MORAT: Ja.

Durch die Seitentür kommt wieder Kunz mit seinem Besteck
in der Hand herein.

KUNZ: Also gehen wir?

MORAT *zu Marie*: Marie, wo ist mein Besteck?

Marie nimmt das Besteck aus der Schublade und reicht es Mo-
rat.

GROSS: Und wer ist bei uns Ptydomet?

MORAT: Ist es sauber?

MARIE: Selbstverständlich.

MORAT: Hier, Dr. Kunz –

GROSS *reicht Kunz die Hand*: Freut mich. Gross! Direktor!

KUNZ: Kunz – promovierter Ptydomet. Das ist so was wie Doktor.

MORAT: Das ist unser Direktor! Nimmst du auch Gänsebrust?

GROSS: Ich möchte mit Ihnen reden, Herr Doktor –

KUNZ: Seien Sie nicht böse, Herr Direktor, aber wir müssen zum
Mittagessen, sonst bekommen wir nichts mehr. *Zu Morat:*
Nein, ich nehme lieber Keule. *Zu Gross:* Wir möchten es nicht
versäumen.

Morat und Kunz gehen durch die Tür hinten ab. Gross bleibt
überrascht stehen, dann setzt er sich langsam. Pause. Er sieht
auf die Uhr und legt sie ans Ohr. Dann sucht er wieder nach
Zigaretten, findet aber keine.

GROSS: Haben Sie nicht zufällig eine Zigarette?

MARIE *schüttelt den Kopf*: Leider nein, ich rauche nicht.

Pause. Gross schaut wieder auf seine Uhr. Dann bemerkt er
eine auf dem Tisch liegende Schachtel.

GROSS: Was ist das?

MARIE: Zigarren.

GROSS: Kann ich mir eine nehmen?

MARIE: Sie gehören dem Kollegen Morat. Er hat sie gezählt und würde sich bestimmt sehr ärgern.

Längere Pause. Gross reckt sich, sieht auf seine Uhr, steht auf, geht langsam zu Marie und sieht ihr über die Schulter zu, was sie macht.

Vermerke.

GROSS: Hm –

Gross geht langsam in dem Büro auf und ab, sieht sich um, setzt sich wieder. Durch die Seitentür kommt Helene leise herein. Gross hat ihr den Rücken zugewendet, sie gibt Marie ein Zeichen, still zu sein, nähert sich Gross und legt ihm plötzlich die Hände über die Augen. Gross erschrickt.

HELENE *mit veränderter Stimme*: Rate mal, wer ich bin?

GROSS: Was erlauben Sie sich!

HELENE: Na?

GROSS: Lassen Sie mich sofort los!

HELENE: Rate!

GROSS *zögert einen Moment*: Der Kreisinspektor –

HELENE: Nein.

GROSS: Der Bezirksinspektor –

HELENE: Nein.

GROSS: Der Generalinspektor –

HELENE: Nein.

GROSS *zögert einen Moment*: Jarmil?

HELENE: Nein.

GROSS: Also dann Borek?

HELENE: Kalt, kalt, kalt.

GROSS: Laß diese dummen Witze, Peter.

HELENE: Ergibst du dich?

GROSS: Ja.

Helene gibt ihn frei.
Gross dreht sich um.

HELENE: Oh, das ist ja nicht Jan! Entschuldigen Sie, Kollege Direktor, ich dachte, es wäre Jan Kunz. Ist er hier noch nicht aufgetaucht?

GROSS: Manieren sind das!

MARIE: Er ist beim Mittagessen.

HELENE *zu Gross*: Na, mein Gott, war doch nur ein Jux. Ich komme gleich zurück. Bis dahin ciao!

Helene geht durch die Seitentür ab. Pause. Gross sucht wieder in seinen Taschen.

GROSS: Sie haben nicht zufällig eine Zigarette?

MARIE: Sie haben schon einmal gefragt, Kollege Direktor.

GROSS: Entschuldigen Sie – ich hatte es ganz vergessen –

Gross sieht auf die Uhr, legt sie ans Ohr, wird ungeduldig. Er sucht wieder in seinen Taschen, steht auf, wandert ziellos durch den Raum, bleibt bei Marie stehen und sieht ihr über die Schulter zu, was sie macht.

MARIE: Vermerke –

GROSS: Wie?

Pause. Dann sieht Gross Morats Zigarrenschachtel, geht hin, betrachtet sie ein Weilchen, öffnet sie dann leise, nimmt eine Zigarre heraus und riecht daran. Marie beobachtet ihn. Als es Gross bemerkt, legt er die Zigarre zurück und setzt sich wieder hin. Nach einer Weile sagt er:

Was würde ihm das schon ausmachen!

Durch die Tür hinten kehren Morat und Kunz in lebhafter Unterhaltung zurück. Sie geben Marie die Bestecke und setzen sich.

MORAT: Die Gans war herrlich durchgebraten.

KUNZ: Hast du nicht das Gefühl, daß sie letztes Mal besser durchgebraten war?

MORAT: Dafür war sie wiederum zu wenig fett. Die beste war die vom vorletzten Mal.

GROSS: Kollege Doktor –

KUNZ: Kollege Direktor?

GROSS: Sie geben doch die Genehmigung für Ptydepe-Übersetzungen?

KUNZ: Ich gebe sie jedem, der mir sein Material bringt.

GROSS: Welches Material meinen Sie damit?

KUNZ: Die Personalunterlagen. *[Personalevidenz – das Personaldossier]*

Morat nimmt eine Zigarettenschachtel aus der Tasche und bietet Kunz eine Zigarette an, die dieser nimmt.

Danke.

Beide rauchen. Gross sucht wieder nach Zigaretten, zögert, dann sagt er –

GROSS: Können Sie mir vielleicht eine Zigarette verkaufen?

MORAT: Nehmen Sie mir's nicht übel, aber ich habe nur noch drei –

GROSS: Na, dann nicht. *Zu Kunz:* Und wozu brauchen Sie eigentlich die Personalevidenz, Kollege Doktor?

MORAT *zu Marie*: Gehen Sie bitte den Kollegen Holecek fragen, ob er Mittag essen geht. Wenn nicht, soll er mir seinen Bon schicken.

GROSS: Kollege Doktor!

Marie läuft weg durch die hintere Tür. Kunz schaut ihr gefällig nach, dann wendet er sich an Gross und sagt –

KUNZ: Nicht schlecht, was?

GROSS: Sie ist lieb.

KUNZ: So ein Teufelchen.

GROSS: Kollege Doktor!

MORAT *zu Kunz*: Ich bitte dich, ein Teufelchen!

KUNZ *zu Morat*: Was Teufelchen! Ein Teufel! Warte nur, wenn ihr einer an die Hufe greift. *Zu Gross:* Was ist?

GROSS: Wozu brauchen sie eigentlich das Personaldossier?

KUNZ: Das ist so. Ich arbeite nur hier in diesem Amt. Bin aber selbst kein Beamter. Ich bin, wie Sie wissen, Wissenschaftler, wenn auch ein Wissenschaftler neuen Typs, wie ja überhaupt alles um Ptydepe herum neu ist. Na, und ich habe begreiflicherweise eine Reihe von Vorbehalten gegen manches bürokratische Vorgehen meiner Kollegen Beamten. Eigentlich sind es weniger Vorbehalte als Einwände. Nein, Einwände ist auch nicht das richtige Wort – wie soll ich mich nur ausdrücken? – Wissen Sie, ich bin gewohnt, Ptydepe zu sprechen, und in einer natürlichen Sprache finde ich dann schwer den richtigen Ausdruck –

GROSS: Fahren Sie fort.

KUNZ: In Ptydepe würde man axajores sagen. Die Beamten haben manchmal zuviel yluzd kaboz pady el und dabei vergessen sie, daß etrokay znig ajte ge gybozryzal.

MORAT: Ryzal! Ryzal! Ryzal! Varuk bado di ryzal? Kabyzach? Mahog? Hajbam?

KUNZ: Onga fyk hajbam? Parde gul axajores va dyt rohago kabrazol! Fabotybe! Die glauben wohl, wenn sie mir jemanden herschicken, werde ich ihm einen Stempel geben, und damit ist die Sache erledigt! Byzugat rop ju ge ryrak! Wenn unsere Statistiken überhaupt einen Sinn haben sollen, so müssen wir konkrete Unterlagen haben, wir müssen über jeden, der mit Ptydepe in Berührung kommt, so viel wie möglich wissen, damit wir eine Reihe soziologischer und psychologischer Indikatoren aufweisen können.

GROSS: Würde es nicht genügen, wenn Ihnen jeder all das von sich sagt, was Sie brauchen?

KUNZ: Ich hätte nicht die Garantie, daß es wirklich hutput wäre.

GROSS: Wie bitte?

KUNZ: Hutput!

MORAT: Genau. *Marie kommt zurück*.

MARIE *zu Morat*: Leider. Aber Herr Kollege Holecek wird heute angeblich sicher zu Mittag essen.

MORAT: Pech!

KUNZ: Da sind die Angaben über die einzelnen Beamten in den Personalunterlagen schon viel genauer. Dort sind Sachen eingetragen, die der betreffende Beamte oft von sich selbst nicht einmal weiß. *Zu Morat:* Nuzapom?

MORAT: Zapom. Yd nik fe rybol zezuhof.

KUNZ: Yd nik – yd yek.

GROSS: Um es also zusammenzufassen, die Bewilligung zu der Übersetzung geben Sie einfach nur dem, der Ihnen sein Dossier bringt. Und wo eigentlich kann unser Beamter sein Dossier bekommen?

Helene kommt zur Seitentür herein.

HELENE: Da seid ihr ja. Wißt ihr, wer heute Geburtstag hat? Cendar Gladjil.

KUNZ: Cendar? Wirklich!

HELENE: Im Büro nebenan soll ein Meeting stattfinden. *Zu Marie:* Im Geschäft nebenan gibt's Zitronen und Orangen. Bringen Sie mir ein Kilo.

KUNZ: Was gibt's denn dort zu trinken?

HELENE: Whisky.

KUNZ: Hörst du das, Stenek?

Marie durch die Tür hinten ab. Morat und Kunz stehen schnell auf und gehen zur Seitentür.

GROSS: Sie haben mir noch immer nicht gesagt, wo ein Beamter seine Personalunterlagen bekommen kann –

KUNZ: Na, hier bei Hella, unserer Vorsitzenden.

Morat und Kunz gehen schnell durch die Seitentür ab, Helene hinterher.

GROSS: Ach, bitte, Frau Vorsitzende...

HELENE *bleibt in der Tür stehen*: Was gibt's?

GROSS: Ich möchte mit Ihnen reden –

HELENE: Wartest ein Weilchen, ja?

GROSS: Sie wollen mich hier allein lassen?

HELENE: Du bist hier nicht allein. In der Wand ist ein versteckter Schlitz, durch den dich unser Beobachter kontrolliert.

GROSS: Warum durch einen Schlitz?

HELENE: Wenn er hier im Raum wäre, wäre das nicht so praktisch. Dann könnte er nur ein Büro beobachten, weißt du? So aber kontrolliert er fünf. Sein Kämmerlein ist nämlich von Büros umgeben. Für jedes gibt es einen Beobachtungsschlitz, und er geht – natürlich unregelmäßig – von Schlitz zu Schlitz.

GROSS: Ein interessanter Einfall –

HELENE: Nicht? Auf so was bin ich gekommen. Mir ging es darum, daß die Besucher, wenn gerade niemand im Büro ist, nicht auf dem Gang warten müssen *[verarscht werden]*. Auch bei solchen Kleinigkeiten muß man an den Menschen denken. Bis dahin ciao!

Helene geht geschwind durch die Seitentür ab. Gross steht auf, geht im Raum hin und her und betrachtet eingehend die Wände. Nach einer Weile hört man hinter der Szene Jirkas Stimme.

JIRKA *hinter der Szene*: Bemühen Sie sich nicht, der Schlitz ist gut getarnt.

GROSS: Das sehe ich. So etwas könnte man auch in den anderen Abteilungen einführen.

JIRKA *hinter der Szene*: Das würde wohl kaum gehen, mit so einer Sache muß der Architekt gerechnet haben.

GROSS: Das ist eigentlich wahr. Aber hier hat er doch auch nicht damit gerechnet?

JIRKA *hinter der Szene*: Nein, aber ihm sind in den Plänen Fehler unterlaufen. Als man hier die Wände gezogen hatte, blieb etwas Raum zwischen den Büros, und so konnte man das ausnutzen.

GROSS: Wirklich ein anregender Einfall!

Pause. Gross setzt sich, sieht auf die Uhr, wird ungeduldig. Er steht auf, setzt sich wieder, sieht auf die Uhr, steht wieder auf, sucht nach Zigaretten, setzt sich wieder. Durch die Tür hinten kommt Marie herein.

Suchen Sie etwas?

MARIE: Ja, das Einkaufsnetz – *Sie öffnet die Schublade und sucht schnell etwas.*

GROSS: Bitte, Kollegin, können Sie Ptydepe?

MARIE: Ein bißchen.

GROSS: Ach, dann übersetzen Sie auch?

MARIE: Nein. Bis zu den Abschlußprüfungen ist es mir streng verboten.

GROSS: Aber wenn ich den Auftrag dazu gebe, könnten Sie etwas übersetzen – wenigstens ungefähr *[annähernd]*...

Marie lacht.

Was gibt es da zu lachen?

MARIE: Das verstehen Sie nicht. Es geht einfach nicht –

GROSS: Wie heißen Sie?

MARIE: Marie.

GROSS: Schau! Mariechen! Ein hübscher Name –

MARIE: Ja?

GROSS: Mariechen – nur dieses eine Mal –, keiner erfährt etwas davon –

MARIE: Herr Direktor! Es kann jeden Augenblick jemand kommen. Seien Sie doch vernünftig!

GROSS *schmeichelnd*: Schätzchen!

MARIE: Bald gibt's keine Zitronen mehr. Kollegin Vorsitzende würde sich ärgern! Auf Wiedersehen!

Marie läuft mit dem Einkaufsnetz zur hinteren Tür hinaus.
Pause. Gross sinkt auf einen Sessel. Eine Weile starrt er vor
sich hin, dann beginnt er wieder, mechanisch seine Taschen zu
durchsuchen. Pause. Er steht auf und geht zur Zigarrenkiste.
Er hätte sie fast geöffnet, erinnert sich aber des Beobachters,
zuckt zurück und sieht sich vorsichtig um.

GROSS: Beobachter? *Pause.* Herr Beobachter? *Pause.* Hallo,
Kollege Beobachter, hören Sie mich? Haben Sie keine Zigarette? *Pause.* Schade. Er wird wohl eingeschlafen sein – *Gross*
öffnet vorsichtig die Zigarrenkiste.

JIRKA *hinter der Szene*: Eingeschlafen! Ich werd Ihnen helfen!

GROSS *springt von der Zigarrenkiste zurück*: Weshalb antworten Sie denn nicht?

JIRKA: Ich wollte Sie auf die Probe stellen.

GROSS: Na, erlauben Sie. Wissen sie, wer ich bin? Ich bin hier
Direktor!

JIRKA *hinter der Szene*: Habuk bulugan.

GROSS: Wie bitte?

JIRKA *hinter der Szene*: Habuk bulugan, avrator.

GROSS: Wie meinen Sie das?

JIRKA *hinter der Szene*: Nutuput.

GROSS *schaut auf seine Uhr, geht schnell zur hinteren Tür, dreht*
sich vorher um: Ich lasse mich nicht beleidigen! Ich erwarte
von Ihnen, daß Sie sich bei mir entschuldigen. *Gross geht*
durch die Tür nach hinten ab.

JIRKA *hinter der Szene, macht sich Luft*: Gotroch! [*Scheißkerl!*]

Viertes Bild

Das Büro des Direktors. In der Nähe der Seitentür stehen Balas und Kubsch. Kubsch hält ein Buch in der Hand. Hanna sitzt an ihrem kleinen Tisch und frisiert sich gleichgültig. Gross kommt durch die Tür hinten herein und setzt sich. Es ist eine Weile bedrohlich still.

BALAS: Also was ist nun?

GROSS: Was soll sein?

BALAS: Die Stunde ist herum. Sind Sie mittlerweile zur Vernunft gekommen?

GROSS: Nein.

BALAS: Aber Sie haben doch hoffentlich bemerkt, daß die Einführung von Ptydepe in unserem Amt erfolgreich fortschreitet! Was wollen Sie unternehmen?

GROSS: Das Ganze stoppen.

HANNA: Herr, Direktor, kann ich mir Erdnüsse holen?

BALAS: Wie wollen Sie das machen?

GROSS: Ich ordne an, mit der Einführung und Benutzung von Ptydepe aufzuhören.

BALAS: Das können Sie nicht.

GROSS: Warum nicht? Dann werden Sie das machen.

BALAS: Aber ich habe auch keine solche Anordnung gegeben! Stimmt's, Kubsch?

Kubsch nickt.

HANNA: Kollege Direktor, darf ich mir Erdnüsse holen?

GROSS: Wieso?

BALAS: Es waren alles nur mündliche Weisungen. Auf das Versprechen gestützt, daß Sie sie durch eine nachträgliche Anordnung bestätigen.

GROSS: Dann gebe ich eben keine nachträgliche Anordnung.

HANNA: Kollege Direktor, darf ich mir Erdnüsse holen?

BALAS: Die Einführung von Ptydepe ist in vollem Gange. Und wird natürlich auch ohne Sie fortgesetzt.

GROSS: Dann werde ich den ganzen Vorfall oben melden.

BALAS: Hast du das gehört, Kubsch? Er hat keine Ahnung, daß man oben von Ptydepe aufrichtig begeistert ist. *Zu Hanna:* Gehen Sie!

Hanna geht schnell durch die Tür nach hinten ab.

GROSS: Warum geben die oben nicht allen Ämtern den offziellen Auftrag, Ptydepe einzuführen, wenn sie davon so begeistert sind?

BALAS: Aus Vorsicht! Falls sich Ptydepe bewährt, haben sie noch immer genügend Zeit, das als ihr Verdienst hinzustellen, falls nicht, können sie sich noch rechtzeitig distanzieren, und die Schuld fällt auf die unteren Instanzen.

GROSS: Nehmen Sie es mir nicht übel, aber ich werde mich selbst nie verraten.

BALAS: Wie wollen Sie das erreichen? *Zeigt auf das Buch.* Sehen Sie dieses Heft? Vor einer Weile wurde es auf Ihre widerrechtliche Anweisung hin in Evidenz genommen, obwohl es nicht von der Einkaufsabteilung angeschafft wurde und somit Ihr Privateigentum ist. Wissen Sie, was das ist? Mißbrauch der Amtsgewalt!

GROSS: Schämen Sie sich denn gar nicht?

BALAS: Kubsch, schämen wir uns oder schämen wir uns nicht? *Kubsch schüttelt den Kopf.* Selbstverständlich nicht. Wenn es um den Menschen geht, schämen wir uns überhaupt nicht!

GROSS: Aber Sie selbst haben mich doch zu dieser Unterschrift gezwungen?

BALAS: Wie bitte? Ich kann mich nicht erinnern –

GROSS: Na, durch Ihre Anspielungen auf das Gerede wegen des leidigen Stempels.

BALAS: Darüber würde ich an Ihrer Stelle nicht sprechen.

GROSS: Das verstehe ich nicht.

BALAS: Es ist doch so: Gäbe es diesen Zusammenhang nicht, könnten Sie behaupten, daß Sie die Evidenz des Hefts aus dem Wunsch heraus, unseren Beamten entgegenzukommen, unterschrieben haben. Das würde Sie zwar nicht entschuldigen, aber Ihre Tat doch irgendwie menschlich erklären – wenn Sie sich aber auf diesen Zusammenhang berufen, bekennen Sie damit nur, daß Sie den Auftrag aus persönlicher Feigheit gegeben haben, um berechtigten Fragen über die Umstände der ominösen Stempel-Affäre auszuweichen. Gäbe es aber Ihre Evidenzanordnung nicht, könnten Sie vortäuschen, den Stempel wirklich nur aus dienstlichen Gründen mit nach Hause genommen zu haben. Die Unterschrift unter diesem Auftrag beweist jedoch klar Ihr Wissen um Ihre Schuld. So daß, wie Sie sehen, Ihre beiden Verfehlungen so originell miteinander verflochten sind, daß die eine die andere mehrmals potenziert und daß die Veröffentlichung des Umstands, von dem Sie annehmen, daß er mildernd wäre, keinen Menschen im Zweifel gelassen hätte über die wirklichen Motive Ihres Handelns. Einigen wir uns?

GROSS: Gut, ich trete also zurück.

BALAS: Aber gerade das wollen wir ja nicht!

GROSS: Ja, was wollen sie denn eigentlich?

BALAS: Wir wollen nur, daß Sie rückwirkend die Anweisung zur Einführung und Benutzung von Ptydepe in unserem Amt unterschreiben.

GROSS: Sie haben doch gesagt, daß Ptydepe auch ohne meine nachträgliche Anordnung eingeführt wird. Wozu brauchen Sie sie also?

BALAS: Das ist unsere Sache.

Lange Pause.

GROSS: Glauben Sie wirklich, daß Ptydepe die amtliche Korrespondenz präziser macht?

BALAS: Ich bin froh, daß unser Gespräch endlich auf sachliche Gleise gerät. Kubsch, geben Sie dem Kollegen Direktor Milch.

Kubsch reicht Gross Hannas Milchflasche. Gross trinkt mechanisch.

Schauen Sie, Sie wissen selbst doch am besten, wieviel Mißverständnisse, Unrecht und Ungerechtigkeiten ein einziger Satz einer lebenden Sprache in sich vereinigen kann. Eine lebende Sprache fügt den verschiedenen, im großen und ganzen genauen und klaren amtlichen Bezeichnungen, zum Beispiel dem Begriff «Maßnahme», immer so viele unrichtige, sozusagen emotionelle Untertöne hinzu, so daß diese imstande sind, den unschuldigen, betont menschlichen Inhalt dieses Begriffs zu verzerren. Und sagen Sie mir ehrlich: hat für Sie das Wort «mutarex» einen solchen Unterton? Na sehen Sie! Es ist paradox, aber gerade die äußerliche, scheinbare Entpersönlichung der künstlichen Sprache garantiert ihre wirkliche humanistische Funktion! Wird Ptypede eingeführt, wird schon niemand das falsche Gefühl haben, daß man ihm dadurch irgendwie Unrecht tut, während man ihm eigentlich hilft. Und alle werden deswegen viel glücklicher sein.

Durch die Tür hinten kehrt Hanna mit einem Beutel voller Erdnüsse zurück, steckt ihn in ihre Tasche, setzt sich und beginnt, sich wieder zu kämmen.

Pause.

GROSS: Sie haben mich überzeugt. Setzen Sie die rückwirkende Anweisung zur Einführung von Ptypede in unserem Amt auf und bringen Sie sie mir zur Unterschrift!

BALAS: Kollege Direktor, wir sind sehr glücklich, daß Sie das Bedürfnis der Zeit begriffen haben. Wir freuen uns auf die weitere Arbeit in unserem Amt unter Ihrer umsichtigen Führung. *Balas nimmt aus seiner Brusttasche ein Blatt und legt es Gross vor.* Hier ist die von Ihnen geforderte Anweisung. *Gross unterschreibt. Nachdem er unterschrieben hat, beginnen Balas und Kubsch zu applaudieren. Gross applaudiert auch mit, dann reichen sie sich pathetisch die Hände und gratulieren sich gegenseitig. Balas faltet das unterschriebene Papier sorgfältig zusammen und verwahrt es in der Brusttasche.* So, das wäre geschafft. Hast du keinen Hunger, Kubsch? *Kubsch schüttelt den Kopf.*

Pause.

Ich glaube, wir werden jetzt sehr eng zusammenarbeiten.

GROSS: Das ist nötig, denn ohne Ihre Hilfe würde ich mich nur schwer in der neuen Problematik orientieren. Anfangs wird es wohl unumgänglich sein, daß wir die Geschicke des Amtes gemeinsam lenken.

BALAS: Ich hätte eine noch bessere Idee: Wir wäre es, wenn ich hier Direktor würde und Sie mein Stellvertreter? Wäre das nicht viel –

GROSS *verwirrt*: Sie haben doch eben gesagt, daß Sie sich auf die weitere Arbeit unter meiner umsichtigen Führung freuen.

BALAS: Ihre Umsicht können Sie als mein Stellvertreter gut unter Beweis stellen. Ich gehe jetzt meine Sachen holen, und Sie, Herr Gross, sind inzwischen so freundlich und ziehen aus meinem Schreibtisch aus!

GROSS: Ja – bitte – Herr Direktor –

BALAS: Kubsch, wir gehen!

Balas und Kubsch gehen durch die Seitentür ab. Gross packt langsam seine auf dem Tisch liegenden Papiere zusammen, stopft alles in seine Taschen und nimmt vorsichtig den Feuerlöscher vom Haken.

GROSS: Es scheint, die Dinge nehmen einen schnellen Verlauf –

HANNA: Kollege Stellvertreter!

GROSS: Ich könnte nichts anderes machen. Der offene Widerstand würde mein Ende bedeuten. So kann ich wenigstens als Stellvertreter manches retten.

HANNA: Kollege Stellvertreter.

GROSS: Und überhaupt – warum sollte sich dieses Ptydepe am Ende nicht doch als eine recht nützliche Sache herausstellen? Wenn wir das intelligent anfangen?

HANNA: Kollege Stellvertreter –

GROSS: Was gibt's?

HANNA: Kann ich zum Mittagessen gehen?

GROSS: Ja, gehen Sie!

Hanna nimmt ihr Besteck und geht schnell durch die hintere Tür ab. Durch die Seitentür kommen Balas und Kubsch; Balas trägt genau den gleichen Feuerlöscher, wie Gross ihn gerade von der Wand genommen hat. Gross bleibt noch ein letztes Mal mitten im Büro stehen und schaut betrübt vor sich hin.

Warum kann ich nicht wieder ein kleiner Junge sein! Ich würde alles ganz anders anfangen!

Gross steht noch eine Sekunde traurig da, dann dreht er sich um und geht mit dem Feuerlöscher im Arm langsam durch die

*Tür nach hinten ab. Balas hängt inzwischen sein Gerät an den
freigewordenen Platz, Kubsch nimmt aus seinen Taschen verschiedene Papiere und legt sie auf den Tisch, beide setzen sich
dann nebeneinander hinter den Tisch, machen es sich bequem. Dann sehen sie sich an und lächeln zufrieden.*

Fünftes Bild

Das Ptydepe-Seminar – wie im zweiten Bild. Perina trägt wieder vier Beamten vor.

PERINA: Vom historischen Standpunkt aus sind die lebenden Sprachen höchstwahrscheinlich durch die Entwicklung unartikulierten Gekreischs entstanden, welches die Primärreaktion primitiver Wesen auf die Umwelt gewesen sein dürfte. Die älteste Wortgruppe innerhalb der Umgangssprache bilden die Ausrufungswörter. Da sie in amtlichen Schriftstücken nur selten vorkommen, brauchen wir uns bei diesem Kapitel nicht lange aufzuhalten. Aus diesem Grund legen die Lehrpläne die Erläuterung der Ausrufungswörter schon in die ersten Lektionen. Also nun zu den Aufrufungswörtern. Wie jedes andere Wort in den natürlichen Sprachen, so hat auch jedes Ausrufungswort in Ptydepe mehrere Bedeutungsäquivalente. Einstweilen werden wir bei jedem Ausrufungswort nur eine, die geläufigste Ptydepe-Form lernen. Trotzdem will ich euch aber durch das Beispiel mit dem Ausrufungswort «Baff» zeigen, wie Ptydepe auch in diesem Randgebiet der Sprache präzise und genau ist.

Gross, den Feuerlöscher im Arm, tritt hinten durch die Tür. Er geht zur Seitentür, stutzt, bleibt stehen, denkt nach, wendet sich dann an Perina.

GROSS: Kollege Lehrer...

PERINA: Was gibt's?

GROSS: Ich will nicht stören, aber zufällig habe ich hier einen kleinen Ptydepe-Text. Wäre es nicht gut, nur so zur Auflockerung des Unterrichts meine ich, wenn Sie die Kollegen an Hand dieses Beispiels mit dem Schriftbild von Ptydepe bekannt machen, es hier vorlesen und dann gegebenenfalls übersetzen? Wäre das nicht sinnvoll?

PERINA: Wenn ich ein Ptydepe-Beispiel heranziehen will, verwende ich mein vorbereitetes und genehmigtes Muster. Aber auch Ihren Text will ich gern interessehalber zusätzlich vorlesen und übersetzen, allerdings muß ich davon überzeugt sein, daß Sie zu Ptydepe eine wirklich seriöse Beziehung haben und nicht nur den Unterricht behindern wollen. Setzen Sie sich.

Gross setzt sich überrascht mechanisch auf einen leeren Stuhl. Den Feuerlöscher legt er sich auf die Knie.

Ich fahre fort: Das Wort «Baff» wird in der Amtssprache – allgemein gesagt – benutzt, wenn ein Beamter die vorgetäuschte Bedrohung eines anderen Beamten ausdrücken will. Wenn ein Beamter, der selbst versteckt ist, die vorgetäuschte Bedrohung eines Beamten, der selbst nicht versteckt ist und eine Bedrohung nicht erwartet, ausdrücken will, dann heißt «baff»: «gelyndrom».

«Osonferte» benutzt man in der genau gleichen Situation, soweit der zweite Beamte die Bedrohung erwartet. Eg gyn y trojadus benutzt ein nicht versteckter Beamter zu der vorgetäuschten Bedrohung eines anderen nicht versteckten Beamten, soweit es scherzhaft gemeint ist. Isyste etordyf benutzt ein übergeordneter Beamter zur Überprüfung der Wachsamkeit des untergeordneten. Yxap tsaror najx benutzt wieder der Untergeordnete gegenüber dem Übergeordneten, aber nur an den dazu bestimmten Tagen.

Und nun will ich doch einmal sehen, ob Sie aufgepaßt haben. Kalous, wie heißt «He!» in Ptydepe, wenn ein versteckter Beamter einen nicht versteckten und ahnungslosen Beamten auf eine angebliche Bedrohung aufmerksam machen will?

KALOUS *steht auf:* Gedynrelom. *Setzt sich.*

PERINA : Richtig. Und wenn der angesprochene Beamte die Bedrohung ahnt? *Zeigt auf Gross.*

GROSS *steht auf:* Und dabei nicht versteckt ist?

PERINA: Ja.

GROSS: Und die Bedrohung ahnt?

PERINA: Ja.

GROSS: Und der andere hat sich versteckt?

PERINA: Ja.

GROSS: Aha – aha – na, wie sagt man da – da sagt man –, Herrgott, ich hab's auf der Zunge!

PERINA: Kalous, wissen Sie es?⁻

KALOUS *steht auf*: Osonfterte. *Setzt sich*.

PERINA: Na bitte, es geht doch! Also weiter, was sagt ein übergeordneter Beamter für «baff», wenn er die Wachsamkeit seines
Untergebenen prüfen will?

GROSS: Ein vorgesetzter Beamter?

PERINA: Ja.

GROSS: Die Wachsamkeit eines Untergebenen?

PERINA: Ja.

GROSS: Das weiß ich zufällig.

PERINA: Also?

GROSS: Es geht um das Ausrufungswort «Baff», nicht wahr?

PERINA: Ja.

GROSS: Das weiß ich ganz bestimmt – nur kann ich mich im
Moment nicht erinnern –

PERINA: Also Kalous!

KALOUS *steht auf*: Ysiste etordyf. *Setzt sich*.

PERINA: Richtig, Kalous! Aller guten Dinge sind drei: Sagen Sie
mir jetzt, was sagt ein nicht versteckter Beamter, wenn er
einen anderen, nicht versteckten Beamten vor einer angeb-
lichen Bedrohung warnen will, und es dabei nicht scherzhaft
meint?

GROSS: Also das weiß ich nicht!

PERINA: Ich werde Ihnen helfen: eg –

GROSS: Eg – eg – eg –

PERINA: Jeht –

GROSS: Ja, ich erinnere mich. Eg jeht –

PERINA: Falsch. Kalous, sagen Sie es ihm!

KALOUS *steht auf*: Eg jeht kuz. *Setzt sich*.

PERINA: Richtig. Eg jeht allein – bedeutet gar nichts, es sind nur
zwei Unterwörter von eg jeht kuz!

GROSS: Das dritte Unterwort war mir entfallen –

PERINA: Leider sind Ihnen auch alle anderen Ptydepe-Wörter,
welche Sie eben von mir gehört haben, entfallen. In Anbetracht dessen, daß die Ausrufungswörter das Einfachste in
Ptydepe sind und daß meine Forderungen wirklich minimal
waren, müssen wir zu dem Schluß gelangen, daß es sich in

Ihrem Fall nicht nur um normale Unaufmerksamkeit oder
aber Schlamperei, sondern um die grundsätzliche Unfähigkeit, etwas zu begreifen, handelt. Und warum ist das so? Sie
glauben nicht an Ptydepe. Unter diesen Umständen weiß ich
allerdings nicht, warum ich gerade Ihnen mit einem Vorlesen
oder gar einer Übersetzung eines nicht genehmigten Schrift-
stücks entgegenkommen sollte! Chosup puzuk bojt!

GROSS: So ein Gerede wegen drei kleiner Wörter – *Gross nimmt
seinen Feuerlöscher in den Arm und geht durch die Seitentür
ab.*

PERINA: Wir fahren fort. Kalous, könnten Sie mir sagen, wie ein
Untergebener seinen Vorgesetzten mit «He!» anspricht, an
den dafür zugelassenen Tagen?

KALOUS *steht auf*: Yxap tsaror najx. *Setzt sich.*

PERINA: Richtig, Kalous. Sie kriegen eine Eins.

Sechstes Bild

Das Sekretariat der Übersetzungszentrale. Der Raum ist leer, man hört nur ab und zu von der Feier nebenan fröhliche Stimmen, Gläserklirren, Musik vom Plattenspieler, Gesang.
Durch die hintere Tür tritt Gross schnell mit dem Feuerlöscher im Arm ein. Er bleibt in der Mitte des Raums stehen, blickt sich um, horcht. Nach einer Weile stellt er das Gerät auf den Boden und setzt sich unsicher.
Längere Pause.
Dann tritt Marie durch die Tür hinten auf, in der Hand ein Netz. Sie geht zur Seitentür. Gross steht sofort auf.

GROSS: Guten Tag –
MARIE: Guten Tag –
  Marie geht durch die Seitentür ab.
MARIE *hinter der Bühne*: Hier sind die Zitronen, Kollegin Vorsitzende.
HELENE *hinter der Bühne*: Legen Sie sie ins Garderobenfach.
  Marie kommt zurück mit leerem Netz, setzt sich an ihren Tisch und arbeitet. Gross setzt sich auch.
GROSS: Ihre Vorsitzende ist nebenan?
MARIE: Ja, sie feiern dort den Geburtstag des Kollegen Kladjil.
GROSS: Glauben Sie, daß sie für einen Moment herüberkommen würde?
MARIE: Ich werde sie fragen.
  Geht zur Tür hinaus. Nach einer Weile kommt sie zurück.
  Kollege Direktor?
GROSS: Ja.
MARIE: Sie sind nicht mehr Direktor?
GROSS: Ich bin jetzt stellvertretender Direktor.
MARIE: Warum denn?
GROSS: Ach, nur so – ich habe mit dem Kollegen Balas getauscht –
MARIE: Stellvertretender Direktor ist auch eine verantwortungsvolle Position.

GROSS: Nicht wahr? In bestimmtem Sinn sogar verantwortungsvoller als die des Direktors! Ich weiß zum Beispiel genau – als ich Direktor war, hat mein Stellvertreter für mich schwerwiegende Entscheidungen getroffen. Kommt die Kollegin?

MARIE: Sie müssen ein Weilchen warten –

HELENE *zu Marie*: Marie, komm mal bitte einen Moment –

Marie geht mit Helene durch die Seitentür ab. Gross setzt sich. Eine lange Pause. Von nebenan hört man lebhafte Unterhaltung. Nach einer Weile wird es etwas ruhiger.

GROSS: Herr Beobachter –

JIRKA *hinter der Szene*: Ja?

GROSS: Nichts für ungut.

Pause und Unterhaltungslärm.

Herr Beobachter –

JIRKA *hinter der Szene*: Was gibt's?

GROSS: Sie feiern nicht mit?

JIRKA *hinter der Szene*: Ich beobachte die Feier durch den Schlitz.

GROSS: Sieht es aus, als ob sich das noch in die Länge ziehen wird?

JIRKA: Den Whisky haben sie schon ausgetrunken.

GROSS: Ja.

Pause. Gesang hinter der Bühne. Geht in Rufe «Cheerie, Cheerie» über. Allgemeines Lachen, das sich schnell beruhigt. Die Stimmen entfernen sich. Die Feier ist aus. Durch die Seitentür kommen Morat und Kunz in lebhaftem Gespräch. Sie setzen sich.

KUNZ: Hat sie sich geziert?

MORAT: Nur am Anfang. Dann aber...

KUNZ: Das mit dem kata ybul hast du dir aber ausgedacht.

MORAT: Nein. Darauf kann ich dir Brief und Siegel geben. Und wenn ich nicht Angst gehabt hätte, daß koju bal gafter, wäre es bis zum luhof dyroroch gekommen.

KUNZ: Wie alt ist sie denn?

MORAT: Sechzehn.

KUNZ: Gerade die reizen mich am meisten.

MORAT: Ich mag eben Jüngere lieber.

KUNZ: Und was gab's in der Früh?

MORAT: Kaffee und Honigkuchen.

KUNZ: Sieh mal an, Honigkuchen!

Durch die Seitentür kommt Helene herein.

HELENE: Na, Jungs, wie wär's mit 'nem Kaffee?

MORAT: Gute Idee! Wo ist Marie?

KUNZ: Unser Teufelchen? Das könnte hier der Kollege Stellvertreter wissen.

GROSS: Ich?

KUNZ: Leugnen Sie doch nicht. Wir wissen sehr gut, daß Sie ihr nachlaufen.

GROSS: Na, erlauben Sie!

KUNZ: Sie haben Schätzchen zu ihr gesagt. Der Beobachter hat es gehört.

JIRKA *hinter der Bühne*: Du mußt wohl alles verpfeifen, Jan.

KUNZ: Schau du, beobachte und schweig. Ja!

MORAT: Also bitte, Jungens! *Er ruft:* Marie!

HELENE: Sie bügelt meinen Unterrock. Ich mach den Kaffee schon allein. *Sie ruft zur Seitentür:* Marie, wo ist der Tauchsieder?

Aus der Seitentür läuft Marie mit dem Bügeleisen, nimmt den Tauchsieder aus der Schublade und läuft zurück.

MORAT *zu Gross*: Seien Sie uns nicht bös, Kollege Stellvertreter, wenn Sie keinen Kaffee bekommen. Wir haben nämlich so wenig, es reicht kaum für uns.

GROSS: Das macht nichts, ich mag keinen. Frau Hella –

MORAT: Hella, Kollege Stellvertreter will keinen Kaffee, also drei, für mich einen doppelten!

GROSS: Frau Vorsitzende!

HELENE: Marie, wo ist der Kaffee?

MORAT *zu Kunz*: Was sagst du, Doktor? Nehmen wir zum Kaffee ein Zigarrchen?

KUNZ: Hast du?

Wieder kommt Marie mit dem Bügeleisen in der Hand gelaufen und nimmt aus einer anderen Schublade den Kaffee. Sie läuft gleich zurück. Morat hat sich inzwischen von seinem Tisch Zigarren geholt und bietet sie Kunz an.

GROSS: Kollegin Vorsitzende.

MORAT: Das sind keine billigen.

KUNZ *nimmt eine*: Danke.

> *Morat nimmt auch eine. Beide zünden sich die Zigarren gekonnt an. Als Gross das sieht, sucht er in seinen Taschen, zieht eine Banknote heraus und bietet sie Morat an.*

GROSS: Dürfte ich auch...

MORAT: Ich empfehle es Ihnen nicht, Kollege Stellvertreter. Die sind schrecklich stark. Sie sind es nicht gewöhnt. Sicher verschlucken Sie sich.

GROSS: Nur eine.

MORAT: Ich meine das im Ernst. Sie würden gegen sich selbst handeln.

GROSS *steckt enttäuscht das Geld ein. Morat und Kunz rauchen genießerisch*: Frau Vorsitzende!

HELENE: Sag Hella zu mir. Was gibt's?

MORAT: Gans! Whisky! Und dann solch eine Zigarre. Das laß ich mir gefallen.

KUNZ: Ich sag dir, die hat Stärkegrade.

GROSS: Kollegin Vorsitzende. Bei Ihnen können doch die Beamten die Unterlagen bekommen, die zur Genehmigung von Ptydepe-Übersetzungen notwendig sind.

HELENE *ruft zur Seitentür*: Wo geht ihr Wasser holen?

MARIE *hinter der Bühne*: Ich hole es. *Marie kommt durch die Seitentür, das Bügeleisen in der Hand, nimmt aus der Schublade einen Topf und läuft weg.*

HELENE *zu Gross*: Was denn?

GROSS: Bei Ihnen können doch die Beamten die Unterlagen bekommen, die zur Genehmigung von Ptydepe-Übersetzungen notwendig sind.

HELENE: Ich gebe sie jedem, der nicht in letzter Zeit eine in Ptydepe geschriebene Benachrichtigung erhalten hat.

GROSS: Warum?

KUNZ: Sie betäubt geradezu.

MORAT: Und ob!

GROSS: Ich meine, warum diese Einschränkung?

HELENE *ruft zur Hintertür*: Wo haben Sie die Tassen?

MARIE *hinter der Bühne*: Gleich ist es soweit.

Marie kommt durch die Hintertür mit Bügeleisen und Was-sertopf gelaufen. Sie legt den Tauchsieder in das Wasser, steckt den Kabelstecker ein, nimmt schnell aus der Schublade Tassen und Löffel, reicht sie Helene und läuft durch die Seitentür ab. Helene gibt mit dem Löffel Kaffee in die Tassen.

HELENE *zu Gross*: Was denn?

GROSS: Ich meine, warum diese Einschränkung?

HELENE: Ich kann doch kein Aktenmaterial herausgeben, ohne mich zu überzeugen, ob es nicht im Widerspruch zu den Be-schlüssen nach der letzten Inventur steht. Marie, wo ist der Zucker?

GROSS: Und ginge es nicht, daß ein Beamter seine Benachrichti-gung Ihnen zur Einsicht gibt?

MORAT: Der selige Ilja Breisky hat nur diese geraucht. Und das war ein Gourmand.

KUNZ: Schade um ihn.

GROSS: Ich sagte, ginge es nicht, daß ein Beamter seine Benach-richtigung Ihnen zur Einsicht gibt?

HELENE *ruft zur Seitentür*: Zucker!

Marie kommt mit dem Bügeleisen durch die Seitentür gelau-fen, nimmt aus der Schublade ein Sackerl und läuft wieder weg.

Helene zu Gross: Was denn?

GROSS: Ginge es nicht, daß ein Beamter seine Benachrichtigung Ihnen zur Einsicht gibt?

HELENE: Ich darf keine Ptydepe-Texte übersetzen. *Zur Seiten-tür:* Wird es reichen?

MARIE *hinter der Szene*: In der Schublade ist noch ein Sackerl.

GROSS: Was soll also ein Beamter in so einem Fall machen?

KUNZ: Breisky hat auch Gans gemocht. Nicht?

MORAT: Ilja würde sich totfressen daran.

GROSS: Ich sagte, was soll ein Beamter in so einem Fall machen?

HELENE *ruft zur Seitentür*: Das Wasser kocht!

Marie kommt durch die Seitentür. Sie stellt das Bügeleisen auf den Boden, schaltet den Tauchsieder aus. Dann nimmt sie ihn aus dem Topf und gießt das Wasser in die Tassen.

Helene zu Gross: Was denn?

GROSS: Was soll also ein Beamter in so einem Fall machen?

HELENE: Er kann seine Benachrichtigung übersetzen lassen. Jungs, heute gibt's einen Kaffee wie hyp na gyp!

Marie verteilt die Tassen an Morat, Kunz und Helene. Dann nimmt sie das Bügeleisen und läuft wieder zur Seitentür hinaus.

KUNZ: Nagyp avalyx?

HELENE: Nagyp hayfazut!

Morat, Kunz und Helene rühren, nachdem sie einander den Zucker gereicht haben, den Kaffee mit dem Löffel um, trinken, ganz in ihre Ptydepe-Konversation versunken, genießerisch aus ihren Tassen.

GROSS *immer verzweifelter – wendet sich von einem zum anderen*: Kollege Morat –

MORAT: Hayfazut gyp andamu. Bitte?

KUNZ: Andamu bel jok andamu zep?

GROSS: Zur Übersetzung eines Ptydepe-Textes verlangen Sie die Genehmigung von Kollege Kunz –

HELENE: Andamu zep.

MORAT: Andamu zep. Notut?

GROSS: Kollege Doktor.

KUNZ: Tut. Lagorax. Bitte?

GROSS: Für die Aushändigung der Genehmigung verlangen Sie das Material von Frau Hella.

MORAT: Lagorys nabarof dy Ilja Breisky cef o abagan.

KUNZ: Mavolde Gyzot abagan.

GROSS: Kollegin Hella –

HELENE: Abagan fajfer. Bitte?

MORAT: Fajfor. Nu rajach?

GROSS: Das Personaldossier geben Sie erst dann heraus, wenn der Beamte die Benachrichtigung übersetzt hat.

KUNZ: Rachaj gun.

HELENE: Gun znejvep?

MORAT: Znevep yj.

KUNZ: Yj rachaj?

HELENE: Rachaj gun!

MORAT: Gun znejvek?

KUNZ: Znejvep yj.

HELENE: Yj rachaj?

MORAT: Rachaj gun!

KUNZ: Gun znejvep?

GROSS *brüllt*: Ruhe!

In diesem Moment schweigen plötzlich alle und stehen auf, aber nicht wegen Gross, sondern weil soeben Balas und Kubsch leise durch die hintere Tür eingetreten sind. Gross, der mit dem Rücken zu ihnen steht, sieht sie nicht.

Ich bin hier stellvertretender Direktor und verlange von Ihnen, respektiert zu werden. Sie können sich setzen.

Alle bleiben natürlich stehen. Marie kommt nichtsahnend durch die Seitentür – den gebügelten Unterrock über dem Arm. Sie erkennt die Situation, versteckt entsetzt das Kleidungsstück hinter ihrem Rücken und stellt sich neben die anderen.

Was ist, wenn dieser Beamte will, daß ihm gerade seine Benachrichtigung übersetzt wird. Das geht nicht, weil seine Benachrichtigung bis jetzt nicht offiziell übersetzt wurde. Ergo, was in unserer Benachrichtigung steht, können wir nur dann erfahren, wenn wir es wissen.

Merken Sie das Paradox? Ich frage Sie: Was soll ein einfacher Angestellter unseres Amtes machen, um aus diesem Teufelskreis herauszukommen?

Einen Moment herrscht Grabesstille, dann spricht Balas –

BALAS: Ptydepe lernen – Kollege Stellvertreter! *Zu den übrigen:* Sie können sich setzen!

Alle setzen sich sofort – Marie, das jetzt zerknautschte Unterkleid noch immer hinter dem Rücken haltend, läuft erschreckt zu ihrem Tisch.

GROSS: Sie sind hier?

BALAS: Diesen Moment.

GROSS: Ich habe Sie gar nicht –

BALAS: Wir sind leise hereingekommen.

GROSS: Entschuldigen Sie bitte, daß ich –

BALAS: Kollege Stellvertreter, es gibt Dinge, die sich nicht ent-

schuldigen lassen. Wenn jemand in einer Zeit, in der unser
ganzes Amt einen heldenhaften Kampf für die Einführung
und Durchsetzung von Ptydepe führt, im Zusammenhang mit
der Tätigkeit unserer Beamten so schadenfroh und mit bos-
hafter Ironie von einem – ich zitiere wörtlich – «Teufelskreis»
spricht, dann ist das ganz und gar unverzeihlich.

GROSS: Wenn Sie erlauben, Herr Direktor, so ist das, worauf ich
mir erlaubt habe, aufmerksam zu machen, eine Tatsache.

BALAS: Na und? Wir werden doch nicht vor den Tatsachen kapi-
tulieren?

*Eine lange Pause, dann meldet sich Gross mit leiser, gebroche-
ner Stimme.*

GROSS *mit gebrochener Stimme*: Ich bekenne meine Schuld in
vollem Umfang und begreife voll die Folgen, die sich für mich
daraus ergeben. Mein Bekenntnis erweitere ich noch um die
Selbstanzeige, daß ich eine gesetzwidrige Anordnung zu einer
betrügerischen Evidenzaufnahme meines Privathefts gegeben
habe, wodurch ich mich des Mißbrauchs der Amtsgewalt
schuldig gemacht habe. Ich habe es aus dem Grund getan, um
die Aufmerksamkeit von der Tatsache abzulenken, daß ich
den Stempel mit den Bankverbindungen entwendet habe, um
ihn für meine Privatbedürfnisse zu benutzen. Ich ersuche,
strengstens bestraft zu werden.

BALAS: Ich glaube, unter diesen Umständen ist Ihr weiteres Ver-
bleiben im Amt untragbar. Was sagst du, Kubsch?

Kubsch nickt.

Na, sehen Sie. Melden Sie sich morgen früh in meinem Büro.
Wir werden dann die mit Ihrem Ausscheiden verbundenen
Formalitäten erledigen. *Er ruft:* Jirka, komm raus! Du bist
jetzt Stellvertreter! *Zu den anderen:* Danke, meine Herrschaf-
ten. Kubsch, gehen wir.

*Balas und Kubsch gehen durch die Tür hinten, Morat, Kunz
und Helene durch die Seitentür ab. Gross steht in der Mitte
und starrt in den Zuschauerraum. Marie blickt ihn schweigend an; sie möchte ihm helfen. Sie nimmt die Schachtel mit
den Zigarren und bietet Gross schüchtern davon an. Durch
die Seitentür sieht Helene herein.*

HELENE *zu Marie*: Marie. Angeblich haben sie in dem Geschäft gegenüber Melonen. Bringen Sie mir zehn Stück. Wenn Sie sich beeilen, lasse ich Sie kosten.

Helene verschwindet. Marie legt schnell die Zigarren weg, nimmt den Unterrock und läuft zur Tür hinaus. Gross geht mit hängendem Kopf langsam und ernst durch die Tür hinten ab, den Feuerlöscher nimmt er mit. Gleichzeitig öffnet sich in einer der Seitenwände eine kleine Geheimtür und aus ihr kriecht – auf Knien und mit den Füßen zuerst – Jirka heraus. Er richtet sich auf, streckt sich, zieht sich affektiert den Anzug zurecht, nimmt aus der Schachtel eine Zigarre, zündet sie an und geht, sich seiner neuen Position bewußt, durch die rückwärtige Tür ab.

Siebtes Bild

Das Büro des Direktors. Durch die Tür hinten kommen Balas und Kubsch, legen ihre Mäntel ab und setzen sich an den Schreibtisch. Balas sortiert die Post, wie Gross es zu Beginn des Stücks getan hat. Neben ihm sitzt Kubsch und betrachtet gelangweilt irgendwelche Papiere. Bei einem Brief stutzt Balas, schüttelt den Kopf und beginnt laut zu lesen.

BALAS *liest*: Ak ok utuh d utoked yle umobert ehusome, ragedv dy orts uner re kydg ydnek, vylas edyvz uzed, ladnyvk ref unyked yles – *Balas legt den Brief weg, zögert, wendet sich an Kubsch, beiläufig mit zweifelndem Unterton:* Du kannst auch kein Ptydepe, was?
Kubsch schüttelt den Kopf.
Hättest du eigentlich lernen können!
Durch die Seitentür schaut Morat herein.
MORAT: Entschuldigen Sie bitte, wenn ich störe – *Zu Kubsch:* Kubschi, hättest du mal 'nen Moment Zeit?
Kubsch steht schnell auf und geht mit Morat durch die Seitentür ab. Balas sieht ihnen überrascht nach. Durch die Tür hinten ist Gross mit dem Feuerlöscher leise eingetreten.
BALAS *für sich*: Václav?
Balas schüttelt ungläubig den Kopf, dann vertieft er sich in seinen Brief. Nach einer Weile meldet sich schüchtern Gross.
GROSS: Guten Tag –
BALAS *erschrickt, dann*: Sie sind hier?
GROSS: Diesen Moment…
BALAS: Was wollen Sie?
GROSS: Herr Direktor, ich sollte mich heute bei Ihnen melden wegen meines Ausscheidens –
BALAS: Jetzt habe ich keine Zeit, kommen Sie eine Weile später –
GROSS: Entschuldigen Sie – danke –, ich komme eine Weile später –
Gross rückwärts gehend schnell zur Tür hinaus. Durch die

Seitentür kehrt Kubsch zurück und setzt sich wieder an seinen Platz.

BALAS: Was hat er gewollt?

Kubsch deutet an, daß es nichts von Bedeutung war. Balas schüttelt zweifelnd den Kopf und betrachtet wieder seinen Brief. Durch die Tür hinten kommt Hanna im Mantel mit ihrer Tasche.

HANNA: Guten Morgen!

BALAS: Guten Morgen –

Hanna hängt ihren Mantel an die Garderobe, setzt sich an ihren Platz und beginnt sich zu kämmen. Balas wendet sich nach einer Weile an sie.

Hannchen –

HANNA: Bitte, Kollege Direktor?

BALAS: Sie können doch Ptydepe, nicht wahr?

HANNA: Leider nicht.

BALAS: Wieso nicht? Besuchen Sie denn nicht das Ptydepe-Seminar?

HANNA: Erst bin ich hingegangen, ich habe es aber bald aufgegeben. Kann ich mir Milch holen?

BALAS: Warum?

HANNA: Ich habe es nicht geschafft. Kann ich mir Milch holen?

BALAS: Daß Sie sich nicht schämen! Sind die Sekretärin des Direktors und können nicht Ptydepe!

HANNA: Kann ich mir die Milch holen?

BALAS: Gehen Sie.

Hanna nimmt ihre Milchflasche und geht schnell durch die Tür hinten ab.

Zu Kubsch: Ich will hoffen, daß du nicht so endest.

Kubsch schaut verlegen drein. Kunz schaut durch die Seitentür.

KUNZ: Sei gegrüßt, Kollege Direktor. Kannst du mir für eine Weile den Václav leihen?

BALAS: Von mir aus.

KUNZ: Danke. Sei gegrüßt.

Kunz winkt Kubsch zu, dieser steht schnell auf und beide gehen durch die Seitentür ab. Balas schaut ihnen erstaunt nach,

*durch die Tür hinten ist Gross mit seinem Feuerlöscher einge-
treten.*

BALAS *für sich*: Kubschi, Kubschi, Kubschi!
  *Balas nimmt wieder den Brief zur Hand. Dann macht sich
  Gross bemerkbar.*
GROSS: Guten Tag –
BALAS *erschrickt, dann*: Sie sind schon wieder hier?
GROSS: Herr Direktor, Sie sagten, ich sollte nach einer Weile
  wiederkommen –
BALAS: Damit habe ich aber nicht eine so kurze Weile gemeint.
GROSS: Entschuldigen Sie, ich komme später – Entschuldigung.
  Gross geht rückwärts zur Tür.
BALAS: Hören Sie mal...
GROSS: Bitte, Kollege Direktor.
BALAS: Eigentlich nichts.
GROSS: Wünschen Sie etwas?
BALAS: Nein. Nein. Sie können gehen.
  *Gross geht durch die Tür hinten ab. Kubsch kehrt durch die
  Seitentür zurück und setzt sich wieder an seinen Platz.*
  Was hat er gewollt?
  Kubsch hebt nur die Schultern.
  Es gefällt mir nicht, daß sie dich so vertraulich ansprechen.
  *Durch die Hintertür kehrt Hanna mit der Milch zurück,
  trinkt und kämmt sich wieder. Pause.*
  Zu Hanna: Hanna, ist Ptydepe denn so schwer?
HANNA: Es stellt außerordentliche Ansprüche an das Gedächt-
  nis, Herr Direktor.
BALAS: Wenn andere es schaffen können...
HANNA: Es schafft kaum einer, Herr Direktor – die meisten
  mußten schon das Studium aufgeben.
BALAS: Und wenn es alle anderen aufgeben, Sie haben durchzu-
  halten!
HANNA: Sie sind ja auch nach der ersten Lektion aus Arbeits-
  gründen weggeblieben, Kollege Direktor!
BALAS: Das ist etwas anderes! Ich habe das Studium wegen Ar-
  beitsüberlastung unterbrechen müssen! Oder glauben Sie,
  daß es so einfach ist, diesen Koloß von Amt zu leiten? Und

noch dazu in so einer Zeit? Versuchen Sie es einmal, und Sie
werden schon sehen.

HANNA: Ptydepe stellt wirklich außerordentliche Ansprüche,
Kollege Direktor. Es ist angeblich auf fragwürdigen Prinzipien aufgebaut. Kann ich mir Brötchen holen?

BALAS: Wer hat das gesagt?

HANNA: Hier, Kollege Kubsch.

BALAS: Der sicher nicht. Und wenn, dann nur zum Scherz. Und
wer bei uns kennt eigentlich Ptydepe wirklich?

HANNA: Nur der Kollege Lehrer und die Kollegen aus dem
Übersetzungszentrum. Kann ich mir Brötchen holen?

BALAS: Na bitte, und da soll es nicht im menschlichen Vermögen
liegen!

HANNA: Kann ich mir Brötchen holen?

BALAS: Laufen Sie.

*Hanna nimmt ihr Netz und geht durch die Tür hinten ab.
Kaum ist sie hinaus, wendet sich Balas wütend an Kubsch:*

Du quatschst! Du quatschst viel zuviel!

Durch die Seitentür schaut Helene herein.

HELENE: Servus, Kinder! *Zu Kubsch:* Václav! Ich bitte dich –
komm mal –

Kubsch steht schnell auf und geht ab.

Also ciao!

*Helene und Kubsch gehen durch die Seitentür ab. Balas
springt wütend auf. Er bemerkt nicht, daß Gross durch die
Tür hinten wieder leise eingetreten ist.*

BALAS *für sich*: Václav! Denen werd ich's zeigen!

*Balas setzt sich, sieht wieder auf seinen Brief. Pause. Gross
meldet sich.*

GROSS: Guten Tag –

BALAS: Sie sind ja schon wieder hier!

GROSS: Herr Direktor, Sie sagten, ich sollte nach einer Weile
wiederkommen –

BALAS: Damit habe ich aber nicht eine so kurze Weile gemeint!

GROSS: Entschuldigen Sie – ich komme später wieder. Entschuldigung – *Gross geht rückwärts zur Tür.*

BALAS: Hören Sie mal!

GROSS: Bitte, Kollege Direktor –

BALAS: Eigentlich nichts.

GROSS: Wünschen Sie etwas?

BALAS: Ich wollte Ihnen noch sagen, daß ich das gestern ein bißchen übertrieben habe. Sie wissen, es waren eine Menge Leute
dort. Ich wußte nicht, wer alles unter ihnen war. Auch meine
Nerven waren schon einigermaßen zerrüttet – nach alldem.

GROSS: Ich danke – Sie sind sehr liebenswürdig, danke – die
Kündigung aber gilt, nicht?

BALAS: Die Kündigung? Na, diesmal wird es wohl nicht notwendig sein, so drastische Maßnahmen zu ergreifen. Stellvertreter können sie natürlich nicht mehr sein.

GROSS: Natürlich nicht.

BALAS: Aber ich hätte eine andere Möglichkeit für Sie –

GROSS: Im Ernst? Welche?

BALAS: Der Posten des Beobachters ist frei geworden –

GROSS: Glauben Sie, daß ich so etwas schaffen würde?

BALAS: Vorläufig setze ich Sie probeweise ein – wir werden ja
sehen.

GROSS: Sie sind zu liebenswürdig, Kollege Direktor! Wann kann
ich anfangen?

BALAS: Meinetwegen gleich –

GROSS: Ich danke Ihnen, Kollege Direktor, herzlichen Dank –
*Gross, rückwärts gehend, ab. Durch die Seitentür kommt
Kubsch zurück und setzt sich wieder an seinen Platz.*

BALAS: Was hat sie gewollt?
Kubsch reagiert nicht.
Spiele nicht mit mir!
*Durch die Tür hinten kommt Hanna mit einem Netz voll
Brötchen. Sie legt es in ihre Tasche, setzt sich und kämmt sich
wieder.*
Balas zu Hanna: Wer hat noch gesagt, daß Ptydepe auf frag-
würdigen Prinzipien aufgebaut ist?

HANNA: Alle, außer Ihnen, Kollege Direktor.

BALAS: Übertreiben Sie nicht.

HANNA: Wirklich.

BALAS: Und was sagen sie noch?

HANNA: Es ist nur eine Frage der Zeit, daß auch Sie es begreifen.

BALAS: Das ist der Dank für alles, was man getan hat! *Balas reicht Hanna seinen Brief.* Wissen Sie wenigstens, worum es sich hierbei handelt?

HANNA *überfliegt den Brief*: Das könnte entweder eine Benachrichtigung über die letzte Inventur sein...

BALAS: Das sicher nicht.

HANNA: Oder aber ein Protest.

BALAS: Was für ein Protest?

HANNA: Das weiß ich nicht.

BALAS: Warum sollte es gerade ein Protest sein?

HANNA: Es hat sich herumgesprochen, daß die in Ptydepe geschriebenen Proteste bevorzugt behandelt werden.

BALAS: Wer sagt das?

HANNA: Das habe ich heute im Bäckerladen gehört.

BALAS: Wenn jemand glaubt, daß er hier protestieren kann, so – Ich gehe Mittag essen. *Nimmt seinen Brief und geht ab.*

HANNA: Lassen Sie sich's gut schmecken, Herr Direktor. Heute gibt's Gulasch!

Achtes Bild

Das Ptydepe-Seminar. Alles wie im zweiten und fünften Bild, allerdings hört nur noch einer der Beamten (Kalous) der Vorlesung Perinas zu. Alle übrigen Stühle sind leer.

PERINA: Und nun fürs erste rein informativ einige der gebräuchlichsten Ptydepe-Ausrufungswörter. Also: «ach» heißt zukybaj, unser «au» heißt bykur, unser «oh» heißt hayf dy doretob, unser «o weh» bolypak juz, das Ausrufungswort der Verwunderung «ei» heißt zyk, unser «eiei» heißt jedoch nicht zykzyk, wie einige Schüler fälschlich vermuten, sondern zykzym —
Durch die hintere Tür tritt Gross mit dem Feuerlöscher auf, geht durch den Raum und schnell zur Seitentür hinaus.
«Ach du lieber Gott» heißt varylaguf yp det solas, oder aber manchmal, und das natürlich seltener, boribaf. «Paff!» – als Symbol eines Schusses oder eines Schlags heißt hedegyx ughopi. «Baff» aber im Sinne eines Umgangsausdrucks für Staunen heißt maluz rog. «Oi!» heißt hadum.

KALOUS *meldet sich*: Bitte –

PERINA: Was gibt's?

KALOUS *steht auf*: Könnten Sie uns sagen, was «Hopp» in Ptydepe heißt?

PERINA: Mykl.

KALOUS: Danke. *Setzt sich.*

PERINA: «Pst» heißt cetudap. «Mh!» heißt vamyl. «Oh!» heißt in Ptydepe hrulugyp. «Hu!» übersetzt man meistens mit lümr, wenn auch ich den Ausdruck mryp uputr bevorzugen würde.
Durch die hintere Tür kommt Balas mit seinem Brief in der Hand und geht durch den Raum zur Seitentür hinaus.
Unser äußerst wichtiges Wort «Hurra» heißt in Ptydepe frnygko jefr dabux altep dy savarub goz terexes. Und jetzt eine kleine Gedächtnisprüfung: «Ach du lieber Gott!»
Kalous meldet sich.

Kalous!

KALOUS *steht auf*: Vyrylaguf yb de solas. *Setzt sich.*

PERINA: «Oi!»

Kalous meldet sich.

Kalous!

KALOUS *steht auf*: Hatum! *Setzt sich.*

PERINA: «Pst?»

Kalous meldet sich.

Kalous!

KALOUS *steht auf*: Zetudap. *Setzt sich.*

PERINA: «Baff!»

KALOUS: Als Symbol des Schusses?

PERINA: Nein, im Sinne eines Umgangsausdrucks für Staunen.

Kalous meldet sich.

Kalous!

KALOUS *steht auf*: Maluz rog!

PERINA *verbessert die Aussprache*: Maluz –

KALOUS: Maluz –

PERINA: M a l u z –

KALOUS: M a l u z –

PERINA: Hören Sie gut zu: m a l u z –

KALOUS: M a l u z –

PERINA: Mit der Aussprache ist es bei Ihnen schlecht bestellt. Wie sagt man zu «Ei»?

KALOUS: Zyk.

PERINA: Und «Eiei»?

KALOUS: Zykzyk.

PERINA: Zykzym!

KALOUS: Entschuldigen Sie – das hatte ich vergessen.

PERINA: «Iwan, Iwan, Hoppsa!»

KALOUS: Verzeihung, das haben wir noch nicht gehabt.

PERINA: Keine Ausreden. Sie wissen's nur nicht. «Hurra»?

KALOUS: Frnygo jefr dabux altep dy savarub giz terexes.

PERINA: Goz terexes!

KALOUS: Goz terexes.

PERINA: So ein wichtiges Wort! Nein, Kalous, so kommen wir nicht weiter. Ich habe all meine Hoffnungen auf Sie gesetzt,

und Sie? Sie haben mich – na? Na, enttäuscht! Jawohl, enttäuscht. Nein, so kann das nicht weiter – na, was? Na, weiter-
gehen! Bestimmt nicht. Da hätten wir hier in kurzer Zeit einen
– na, was? – Na – antworten Sie!

KALOUS: Ich weiß nicht –

PERINA: Strengen Sie sich an!

KALOUS: Einen Kindergarten?

PERINA: Nein!

KALOUS: Eine Besserungsanstalt?

PERINA: Nein!

KALOUS: Einen Taubenschlag?

PERINA: Na, freilich, einen Taubenschlag! Nein, nein, so können Sie das Studium nicht fortsetzen! Sie würden die Vorlesung nur stören und die anderen aufhalten. Verlassen Sie bitte
den Raum!

*Kalous nimmt seine Aktentasche und entfernt sich betrübt
durch die Tür hinten.*

Perina zur leeren Szene: Ich fahre fort: «Hallo» heißt trevunt,
für «Siehe da» steht kavlyz ubahay kupit, «Schau an» heißt
hofro gaborte, «Uff» übersetzen wir mit…

Neuntes Bild

Das Sekretariat des Übersetzungszentrums.

MARIE *hinter der Bühne*: Ich habe die Zwiebel, Kollegin Vorsitzende.

HELENE *hinter der Bühne*: Legen Sie sie dort in den Schrank.

Marie betritt den Raum durch die Seitentür mit dem leeren Netz, setzt sich an den Tisch und sortiert ihre Sachen. Dann schaut sie sich mehrmals um, nimmt aus der Schublade einen Spiegel, stellt ihn vor sich hin, holt dann einen neuen Hut, setzt ihn auf und probiert ihn vor dem Spiegel aus.

GROSS *hinter der Szene*: Steht Ihnen gut!

Marie erschrickt, reißt sich das Hütchen vom Kopf, stopft es in die Schublade, versteckt den Spiegel und schaut sich erschrocken um.

Hinter der Szene: Keine Angst – ich bin's doch – Gross –

MARIE *atmet auf, dann*: Und wo stecken Sie?

GROSS *hinter der Szene*: Ich bin hier jetzt Beobachter –

MARIE: Sie?

GROSS *hinter der Szene*: Ja. Herr Balas hat meine Kündigung zurückgenommen und mich zunächst probeweise hier eingesetzt.

MARIE: Sie? Als Beobachter?

GROSS: Ja. Das ist unter den jetzigen Umständen für mich sogar die beste Lösung. Wenn ich mich erst an die Enge hier gewöhnt habe...

MARIE: Na sehen Sie! Und ich habe Ihnen eine Stelle verschafft.

GROSS *hinter der Szene*: Wirklich? Was für eine?

MARIE: Beim Theater.

GROSS *hinter der Szene*: Aber ich bin doch kein Schauspieler.

MARIE: Irgendeine kleine Rolle würden sie schon schaffen. Es gibt immer Rollen eines Dieners, Boten oder Arbeiters. Schlimmstenfalls könnten Sie soufflieren –

GROSS *hinter der Szene*: Ja, das ginge. Haben Sie eine engere Beziehung zum Theater?

MARIE: Ich hab einen Bruder beim Theater, Kollege.

Helene schaut durch die Seitentür.

HELENE *zu Marie*: Angeblich haben sie in dem Laden gegenüber Zitronen. Bringen Sie mir welche.

Marie nimmt wieder ihr Netz und geht geschwind durch die Seitentür ab. Helene verschwindet. Eine kurze Pause, dann tritt Balas energisch auf, mit einem Brief in der Hand. Er blickt sich um, setzt sich und zündet sich eine Zigarette an. Nach einer Weile dreht er sich in Richtung Geheimtür um.

BALAS: Sind Sie an Ihrem Platz?

GROSS *hinter der Szene*: Selbstverständlich, Kollege Direktor.

BALAS: Und wie geht es?

GROSS *hinter der Szene*: Danke, gut.

BALAS: Viele fremde Leute?

GROSS *hinter der Szene*: Nur drei auf Nummer Fünf.

BALAS: Allein im Zimmer?

GROSS: Einer. Nur für eine Weile.

BALAS: Wie hat er sich benommen?

GROSS: Anständig.

BALAS: Gut. Ich glaube, Sie werden's schon schaffen. Ansonsten?

Pause.

GROSS *hinter der Szene*: Was meinen Sie mit «Ansonsten»?

BALAS: Was sagen die Beamten zum Beispiel über Ptydepe?

Pause.

GROSS *hinter der Szene*: Entschuldigen Sie, Herr Direktor, aber ich – wie soll ich es sagen – ich – ich bin ja doch kein... Verstehen Sie?

BALAS: Ich verstehe, Sie haben immer noch die alten Vorurteile. Sie müssen aber begreifen, daß es einer guten Sache dient. Es ist sogar im gewissen Sinn Ihre moralische Pflicht.

Durch die Seitentür kommt Morat und will schnell zur rückwärtigen Tür wieder hinaus.

Zu Morat: Moment mal!

Morat bleibt stehen.

Zur Geheimtür: Also, klar?

GROSS *hinter der Szene*: Klar, Herr Direktor.

BALAS *zu Morat*: Wie geht's mit dem Übersetzen?

MORAT: Sehr gut.

BALAS: Wie viele Texte hast du schon übersetzt?

MORAT: Ins Ptydepe oder aus dem Ptydepe?

BALAS: Zum Beispiel ins Ptydepe?

MORAT: Einen. Ich arbeite am zweiten.

BALAS: So wenig?

MORAT: Das ist nicht wenig.

Durch die Seitentür tritt Kunz ein und geht schnell zur hinteren Tür.

BALAS *zu Kunz*: Moment mal!

Kunz bleibt stehen.

Zu Morat: Geht es denn so langsam?

MORAT: Jeder Ausdruck hat in Ptydepe mehrere Varianten, und deshalb ist es notwendig, mit den Verfassern der Texte jedes Wort zu diskutieren, um zu erfahren, wie es gemeint war und welche Ptydepe-Variante zu verwenden ist. Nicht wahr, Doktor?

KUNZ: Jawohl! Besonders, wenn sich die Verfasser untereinander nicht einig werden können, weil sie in ihrer gewöhnlichen Sprache eine solche Genauigkeit nicht kennen.

MORAT: Die Schattierungen der Begriffe sind in Ptydepe so außerordentlich fein, daß eine Menge von Beamten sie überhaupt nicht begreifen kann.

BALAS: Warum nimmst du dir denn keine Helfer?

MORAT: Du weißt doch, wie es mit unseren Kadern steht. Na, sag schon, Doktor!

KUNZ: Bis jetzt hat eigentlich kein einziger Ptydepe richtig gelernt. Außer Pekarek, und der ist zur Dampfschiffahrt gegangen.

BALAS: Dann mußt du das Übersetzen beschleunigen. Die Welt wird schon nicht untergehen, wenn ab und zu mal ein Wörtchen verkehrt ist!

In der Tür hinten erscheint Kubsch und sieht Morat fragend an. Er wird dabei von Balas nicht gesehen. Morat deutet ihm an, daß er gleich kommt.

MORAT: Verzeih, Kollege Direktor, aber ich habe jetzt irgendeine Besprechung —

BALAS: Dann geh —

Morat eilt zur Tür hinten. Kunz will mit ihm fort.

Warte, Doktor, nur eine Kleinigkeit. Sag mal, wie bewährt sich eigentlich Ptydepe — vom fachlichen Standpunkt aus?

KUNZ: Schwer zu sagen, vorläufig habe ich noch keinerlei statistische Unterlagen, also auch keine Meinung.

Durch die Seitentür kommt Helene, sie will zur hinteren Tür weiter.

BALAS *zu Helene*: Moment mal!

Helene bleibt stehen.

Zu Kunz: Und welche Erfahrungen hat man woanders gemacht?

KUNZ: Im allgemeinen gute. Nur, daß überall, wo Ptydepe in größerem Ausmaß benutzt wird, automatisch einige Eigenschaften aus der gewöhnlichen Sprache übernommen werden, wie emotionelle Untertöne, Ungenauigkeiten und Vieldeutigkeiten. Stimmt's, Hella?

HELENE: Ja, ich habe von den Burschen sogar gehört, daß je mehr man Ptydepe benutzt, desto mehr wird es durch diese Eigenschaft verschmutzt *[verfälscht]*.

BALAS: Emotionelle Untertöne, sagen Sie? Aber dadurch verliert Ptydepe doch seinen eigentlichen Sinn!

KUNZ: So kann man es ausdrücken.

Durch die Tür hinten schaut Kubsch herein, nickt Kunz leise zu. Kunz deutet an, daß er gleich kommt.

BALAS: Was kann man dagegen tun?

KUNZ: Im Grunde nichts. Entschuldige, Kollege Direktor, aber könnte ich jetzt gehen. Ich habe eine Besprechung —

BALAS: Geh nur.

Kunz eilt zur Tür hinten. Helene will hinter ihm auch fort.

Warte, Hella!

HELENE: Was gibt's?

BALAS: Hör mal, wir haben doch immer miteinander wie von Mann zu Mann geredet. Sag mir geradeheraus — aber wirklich geradeheraus: Hast du nicht das Gefühl, daß bei uns mit Ptydepe nicht alles so läuft, wie es sollte? Daß gewissermaßen einiges dabei hapert?

HELENE: Hab ich.

BALAS: Danke, Helene!

Durch die hintere Tür schaut Kubsch herein.

HELENE: Kann ich gehen?

BALAS: Geh, Mädel!

Helene eilt zur Tür hinten hinaus.

Balas geht nachdenklich im Raum auf und ab, setzt sich und spricht wieder zur Geheimtür: Kollege Gross –

GROSS *hinter der Szene*: Bitte, Kollege Direktor?

BALAS: Ich hoffe, Sie nehmen mir den gestrigen Tag nicht übel. Das war nur so ein Theater. Ich werde Sie duzen!

GROSS *hinter der Szene*: Selbstverständlich, Kollege Direktor, es würde mich freuen.

BALAS: Und überhaupt – komm da raus, Mensch! Du wirst doch nicht so 'ne Arbeit machen! Du! Ich sehe gar nicht ein, warum du nicht weiter stellvertretender Direktor sein kannst!

GROSS *hinter der Szene*: Nach allem, was war?

BALAS: Herrgott, Kollege, wir müssen doch was riskieren. Ich laß einfach nichts auf dich kommen! Wir haben jetzt gewisse Schwierigkeiten – mit Ptydepe läuft nicht alles, wie es sollte.

GROSS *hinter der Szene*: Ich habe davon gehört.

BALAS: Und darum kann ich auf dich nicht verzichten. In dieser Situation brauche ich dich einfach hier.

Durch die Geheimtür zwängt sich, auf den Knien, die Füße zuerst, herauskriechend, Gross.

Setz dich!

Gross setzt sich.

Wo ist die Begeisterung hin, die alle hatten, als wir mit Ptydepe angefangen haben? Weißt du, ich war hinter Ptydepe her wie ein Bock – hab nicht geschlafen – hab mich geschunden – organisiert – nur noch Wasser hab ich getrunken – Aufputsch-pillen geschluckt – wenn es um die Sache ging, da kannte ich meinen Bruder nicht. Na, du wirst dich ja sicherlich erinnern –

GROSS: Ich erinnere mich.

BALAS: Es war die schönste Zeit meines Lebens. Und siehst du – das ist dabei herausgekommen! Das haben wir doch nicht ge-wollt!

GROSS: Es wird sich wieder irgendwie zusammenfügen.

BALAS: Hör mal, Pepi, wir werden das zusammen wieder in Ordnung bringen. Du hast die Erfahrungen von früher – weißt, wie es gemacht wurde, als alles geklappt hat –, ich weiß, wie man es machen sollte, damit es klappt – da müßte es doch mit dem Teufel zugehen, wenn es nicht klappen sollte, wenn wir es gemeinsam anpacken? Hast du heute abend Zeit?

GROSS: Ja.

BALAS: Wir treffen uns irgendwo in Ruhe bei einem Bierchen und denken alles gründlich durch. Wir stellen einen Marschplan auf, damit wir wissen, wie wir's anpacken. Auf wen kann ich mich jetzt noch stützen [verlassen], wenn nicht auf dich?

GROSS: Aber ich –

BALAS *unterbricht ihn*: Und jetzt geh und hole den Jirka, der soll wieder schön zu seinem Beobachtungsposten zurückmarschieren. Er hat sich da bewährt und muß begreifen, daß wir für die höheren Positionen jetzt vor allem Fachleute brauchen.

Gross geht durch die Tür hinten ab. Längere Pause. Balas sucht nach Zigaretten, findet aber keine und blickt auf seine Uhr.

Durch die Tür hinten kommt Morat, er trägt eine Mappe in der Hand und will schnell zur Seitentür hinaus.

Jan!

Morat bleibt stehen.

Du hast mir noch nicht gesagt, wie du mit dem Übersetzen aus dem Ptydepe zurechtkommst?

MORAT: Aus dem Ptydepe habe ich bis jetzt [noch gar] nichts übersetzt.

Durch die Tür hinten kommt Kunz, auch er hat Mappen und will zur Seitentür weiter.

BALAS: Doktor!

Kunz bleibt stehen.

Zu Morat: Wieso denn?

MORAT: Bisher hat noch niemand die Genehmigung von Kunz bekommen [vorgezeigt].

BALAS: Doktor, weshalb erteilst du niemandem die Genehmigung zur Übersetzung?

KUNZ: Wie kann ich Genehmigungen ohne Personalunterlagen
erteilen?

*Durch die Tür hinten kommt Helene, auch sie trägt eine
Mappe und will schnell zur Seitentür hinaus.*

BALAS: Hella!

Hella bleibt stehen.

Zu Kunz: Und da hat dir noch keiner von Helene sein Personaldossier gebracht?

KUNZ: Keiner.

BALAS: Hella, weshalb gibst du niemandem sein verdammtes
Personaldossier heraus?

HELENE: Ich kann es erst dann herausgeben, wenn ich weiß, daß
es nicht im Widerspruch zu den Beschlüssen steht, die die Benachrichtigungen enthalten. Und über diese Beschlüsse kann
ich mich nicht informieren, weil die Benachrichtigungen in
Ptydepe abgefaßt sind, und du weißt ja, ich darf nicht übersetzen.

Pause.

Die Zitronen hat mir das Mädel noch nicht gebracht?

BALAS: Und warum übersetzt Morat sie nicht?

MORAT: Ich kann nur mit Genehmigung von Kunz übersetzen.

BALAS: Dann soll Kunz die Genehmigung erteilen.

KUNZ: Kann ich nicht, wenn einer sein Personaldossier von Helene nicht bekommen hat.

BALAS: Hörst du, Hella? Du mußt die Unterlagen also doch herausgeben.

HELENE: Ich darf nicht übersetzen.

BALAS: Und warum übersetzt Morat sie nicht?

MORAT: Ich kann nur mit Genehmigung von Kunz übersetzen.

BALAS: Dann soll Kunz die Genehmigung erteilen.

KUNZ: Kann ich nicht, wenn einer sein Personaldossier von Helene nicht bekommen hat.

BALAS: Hörst du, Hella? Du mußt die Unterlagen also doch herausgeben.

HELENE: Ich darf nicht übersetzen.

BALAS: Mich würde interessieren, wer sich diesen Teufelskreis ausgedacht hat.

MORAT ⎫
KUNZ ⎬ *im Chor*: Du, Kollege Direktor!
HELENE ⎭

BALAS: Ich? *Pause*. Na und? Damals war doch eine ganz andere Situation! Damals hatte es eine tiefere Bedeutung. Heute stehen wir woanders, und deshalb führe ich mit sofortiger Gültigkeit folgende Vereinfachungen der bisherigen Richtlinien für die Ptydepe-Übersetzungen ein: Zum ersten: Hella kann die Personalunterlagen herausgeben, ohne den Inhalt der Benachrichtigung zu kennen.

Zum zweiten: Kunz kann die Genehmigung zur Übersetzung auch ohne Personalunterlagen geben.

Zum dritten: Morat braucht zum Übersetzen keine Genehmigung von Kunz. Klar?

Daß wir uns solche Maßnahmen erlauben können, ist ein deutliches Zeugnis für die Richtigkeit von Ptydepe! *Balas nimmt aus seiner Tasche den Brief und reicht ihn Morat. Und jetzt übersetz mir das!*

MORAT *liest*: Protest. Wir unterzeichneten Angestellten der Buchhaltung protestieren aufs schärfste gegen die Unterbringung im Keller und geben gleichzeitig bekannt, daß wir unter den Bedingungen nicht mehr weitermachen, unter denen wir jetzt arbeiten müssen.

BALAS *unterbricht ihn*: Das genügt. Ihr könnt weitermachen.

Balas geht durch die Tür hinten ab. Morat, Kunz und Helene stehen eine Weile schweigend, dann schaut Kubsch durch die Tür hinten herein und gibt ihnen ein Zeichen, mit ihm zu gehen. Alle schnell ab. Pause. Durch die Tür hinten kommt Gross mit Jirka. Jirka ist wütend, schaut finster drein, gibt dem Kleiderständer und Schreibtisch Fußtritte, spuckt aus, kniet nieder und zwängt sich, rückwärts rutschend, wieder durch die Geheimtür zurück. Er wirft von innen den Feuerlöscher heraus. Gross nimmt langsam seinen Feuerlöscher und geht zur hinteren Tür. In dem Moment kommt Marie mit dem Netz voll Zitronen. Sie sieht Gross und bleibt verwundert stehen.

MARIE: Wissen Sie, was Ihnen blüht, wenn Sie hier einer sieht?

GROSS: Ich bin nicht mehr Beobachter.

MARIE: Wieso?

GROSS: Kollege Balas hat mich wieder zum stellvertretenden Direktor gemacht.

MARIE: Ich gratuliere.

GROSS: Ich bitte Sie, wozu? Es wäre für mich besser gewesen, wenn ich Beobachter geblieben wäre.

MARIE: Ich verstehe. Es erwarten Sie vielleicht keine angenehmen Aufgaben.

GROSS: Sprechen wir lieber nicht darüber und kommen Sie mal bei mir vorbei. *Gross will langsam zur Tür.*

MARIE: Kollege Gross!

GROSS *bleibt stehen*: Ja?

MARIE: Hat Ihnen schon jemand das übersetzt, was Sie gestern übersetzt haben wollten?

GROSS: Die Benachrichtigung? Nein... Laut gültiger Anordnung kann und darf mir die auch keiner übersetzen. Aber vielleicht ist es letzten Endes besser –

MARIE: Hat man bei der Inventur etwas für Sie Negatives entdeckt?

GROSS: Nein. Ich hatte nur den Stempel mit nach Hause genommen zum Arbeiten, aber nicht für die Kinder, wie man mir vorwirft. Wenn Ottomar damit zweimal gespielt hat, ist das schon viel.

MARIE: Wenn Sie ein reines Gewissen haben, brauchen Sie nichts zu fürchten! Ihre Unschuld wird sich erweisen, aber Sie müssen dafür kämpfen! Ich glaube fest daran: Wenn man nicht nachgibt, kommt die Wahrheit letzten Endes immer ans Licht.

Gross geht zu Marie, lächelt sie traurig an und streicht zärtlich über ihre Wange.

GROSS: Was wissen Sie von der Welt, liebes Kind! Aber trotzdem: Sie müssen nur immer so bleiben. Wissen Sie, der Mensch muß im Leben fest auf den Beinen stehen! Ich konnte das leider nie so richtig, ich bin eher ein intellektueller Typ, unentschlossen, immer voller Zweifel, voller Rücksicht, eher

Träumer als ein Mann der Tat – und das ist mein Pech. *Pause*.
Wenn ich alles in allem betrachte, sehe ich, daß ich mir vieles
im Leben selbst verpatzt habe. Für gewöhnlich habe ich zu
früh nachgegeben, bin zu leicht Drohungen unterlegen, habe
zu sehr den Menschen vertraut. *Pause*. Wenn ich nochmals
Einfluß auf den Lauf der Dinge haben sollte, will ich versuchen, alles ganz anders zu machen! Weniger geistreiche
Worte, mehr reale Taten; Sachlichkeit, ein kühler Kopf, un-
nachgiebiger Stolz, Strenge und Kritik, vor allem gegen mich
selbst – das sind Eigenschaften, die mir immer gefehlt haben.
Pause. Vielleicht kommt es auch daher, daß ich zu einer komi-
schen, verlorenen Generation gehöre – wir haben uns im kleinen verausgabt, die besten Jahre unseres Lebens haben wir in
Dinge investiert, die es nicht wert waren, und wir haben so
lange von der großen Berufung gesprochen, bis wir total vergessen hatten, wirklich etwas Großes zu leisten. Kurz und gut,
wir sind ziellos geschwommen.

MARIE: Meinen Sie, daß die Benachrichtung negativ *[ungün-
stig]* sein wird?

GROSS: Ich habe schon gelernt, immer das Schlimmste zu erwarten. Aber ich bin überzeugt – soweit es mich betrifft – ich
kann es wenigstens mir selbst nüchtern *[real]* und ohne hyste-
rische Selbstbemitleidung eingestehen, daß ich es schaffe,
mich von allen diesen Erschütterungen zu erholen, und daß
ich immer noch fähig bin, hinter allem, was war, definitiv
einen Punkt zu setzen und ganz neu zu beginnen – und ganz
anders.

MARIE *gerührt*: Haben Sie Ihre Benachrichtigung bei sich?

GROSS: Sie wollen doch nicht etwa…?

MARIE: Ich bin erwachsen und weiß, was ich tue. Geben Sie sie
mir.

*Gross nimmt erregt aus seiner Brusttasche die Benachrichti-
gung, reicht sie Marie, diese setzt sich und liest. Gross blickt
sie wie gebannt an.*

Liest: Sehr geehrter Herr Direktor, wir haben in Ihrer Abteilung sämtliche Berichte der letzten Inventur überprüft und
sind zu dem Ergebnis gekommen, daß die erhobene Beschul-

digung wegen der Zweckentfremdung des Stempels für nicht geeignete Zwecke in Ihrem Fall völlig unbegründet ist; es ist im Gegenteil notwendig, die vorzüglichen positiven Ergebnisse hervorzuheben und hiermit festzustellen, daß Sie das Amt gewissenhaft und verantwortungsbewußt führen und deshalb volles Vertrauen verdienen. Dies bestätigt auch die Tatsache, daß Sie von Anfang an einen klaren Standpunkt in punkto Ptydepe vertreten haben. Unsere Beziehung zu dieser Aktion war immer absolut ablehnend, weil wir Ptydepe als einen zutiefst schädlichen Versuch betrachten, den Amtsverkehr auf eine konfuse, unreale und antihumanistische Grundlage zu stellen. Wir empfehlen Ihnen daher, entschieden und schnell alle eventuellen Versuche einer Einführung von Ptydepe in Ihrem Amt zu liquidieren und mit allen denen streng abzurechnen, die Ptydepe zu ihrem persönlichen Vorteil und ohne Rücksicht auf seine Folgen verbreitet haben. Wir wünschen Ihnen viel Erfolg in Ihrer weiteren Tätigkeit und sind mit kollegialem Gruß – Unterschrift unleserlich.

GROSS *ernst*: Ich danke Ihnen, Marie. Endlich habe ich Gelegenheit zu beweisen, daß in mir mehr Zivilcourage steckt, als ich je in meinem Leben beweisen mußte. Ich verspreche Ihnen, daß ich diesmal vor nichts ausweichen werde, selbst wenn ich damit meine Existenz aufs Spiel setze. *Gross ergreift energisch seinen Feuerlöscher und will zur Tür hinten.*

MARIE *scheu*: [*Josef*], du gefällst mir –

GROSS: Deine Sympathie muß ich mir erst verdienen. Servus! *Gross geht durch die Tür hinten ab.*

JIRKA *hinter der Szene*: Marie! Du hast einen Blödsinn gebaut!

MARIE *springt entsetzt auf*: Sie sind hier? Ich dachte, Sie sind...

JIRKA *hinter der Szene*: Vor einer Weile bin ich zurückgekommen und bereue es nicht. Du kapierst doch wohl weshalb.

HELENE *hinter der Szene*: Marie, wo bleiben die Zitronen?

MARIE *traurig*: Ja, ich kapiere –

Zehntes Bild

Das Büro des Direktors. Balas sitzt am Schreibtisch und sucht Zigaretten. Hanna frisiert sich. Durch die hintere Tür tritt Gross mit dem Feuerlöscher unterm Arm ein. Er stellt sich neben Balas auf, richtet unbewußt das Gerät wie eine Waffe gegen ihn und beginnt zu reden.

GROSS: Ich komme, um Ihnen mitzuteilen, daß Ihre Ära vorbei ist. Gerade habe ich mir meine Benachrichtigung übersetzen lassen. Aus ihr geht klar hervor, daß ich nicht nur im Fall des Stempels unschuldig bin, sondern, und das ist die Hauptsache, auch der alleinige rechtmäßige Direktor dieses Amtes. Außerdem werde ich in dieser Benachrichtigung aufgefordert, augenblicklich und sehr entschieden mit Ptydepe Schluß...

BALAS: Hannchen!

HANNA: Bitte, Herr Direktor?

BALAS: Wollten Sie sich nicht Erdnüsse holen?

HANNA: Darf ich?

BALAS: Gehen Sie und bringen Sie mir Zigaretten mit.

Hanna durch die Tür hinten ab.

Entschuldige, was hast du gesagt?

GROSS: Außerdem werde ich in der Benachrichtigung aufgefordert, sofort mit Ptydepe Schluß zu machen und mit allen streng abzurechnen, die sich zum persönlichen Vorteil um seine Einführung bemüht haben. Mit anderen Worten: Die Geschichte hat mir recht gegeben, und mich auf die mir zustehende Vollmacht stützend, werde ich...

Durch die Seitentür schaut Kubsch herein.

BALAS: Kleinen Moment noch, Kubsch, ja?

Kubsch schließt wieder die Tür.

Zu Gross: Was hast du gesagt?

GROSS: Mit anderen Worten: Die Geschichte hat mir recht gegeben, und mich auf die mir zustehende Vollmacht stützend werde ich aus dem, was geschehen ist, die notwendigen Kon-

sequenzen ziehen. Die Art, mit der Sie sich des Amtes bemächtigt und ihm Ptydepe aufgezwungen haben, ruft nach Vergel-
tung. Ich bin Humanist, und meine Konzeption –

Durch die Tür hinten kehrt Hanna mit einer Packung Erd-
nüsse und Zigaretten zurück. Die Zigaretten gibt sie Balas,
die Erdnüsse steckt sie in ihre Tasche. Sie setzt sich auf ihren
Platz und kämmt sich.

BALAS: Danke, Hanna! *Balas raucht genießerisch.* Was sagst du?

GROSS: Ich bin Humanist, und meine Konzeption für die Leitung dieses Amtes beruht auf der Idee, daß jeder Mensch ist
und immer mehr Mensch werden muß. Deswegen werde ich
gegen jeden kämpfen, der diese Idee bespucken will. Der
Kampf für den Sieg von Vernunft und Sittlichkeit...

Durch die Seitentür kommt Kubsch herein.

BALAS: Kleinen Moment noch, Kubsch. Sofort.

Kubsch wieder ab.

Zu Gross: Was hast du gesagt?

GROSS: Den Kampf für den Sieg von Vernunft und Sittlichkeit
stelle ich über den Frieden für den Preis ihres Verlusts. Und
den Kampf gegen alles, was Sie hier verbrochen haben, werde
ich bis zum Ende durchkämpfen. Ich glaube, daß es unter diesen Umständen unhaltbar ist, Sie weiter in unserem Amt zu
belassen. Seien Sie so freundlich und räumen Sie meinen
Schreibtisch!

BALAS *bietet Gross Zigaretten an*: Magst keine?

GROSS: Ich sagte, Sie sollen so freundlich sein und meinen
Schreibtisch räumen.

BALAS: Nimm doch. Sie sind ausgezeichnet –

GROSS: Räumen Sie meinen Schreibtisch –

BALAS: Nach dem Mittagessen, ja?

GROSS: Ich bin froh, daß Sie sich nicht unnötigerweise widersetzen. Nach dem Essen genügt.

BALAS: Ich weiß nicht, warum ich mich widersetzen sollte.

GROSS: Sie sind also einverstanden?

BALAS: Gewiß.

GROSS *stellt seinen Feuerlöscher überrascht auf den Boden*:
Wieso?

BALAS: Mir sind die Augen aufgegangen.

GROSS: Tatsächlich?

BALAS: Ja. Ich habe erkannt, daß Ptydepe Unsinn ist. Und ich habe daran geglaubt und für seinen Erfolg gekämpft, aber alles war ein Irrtum. – Subjektiv habe ich es gut gemeint, aber objektiv hat meine Bemühung eine negative Rolle gespielt, und deswegen muß ich, ob ich es will oder nicht, alle harten *[scharfen]* Folgen meiner Taten tragen.
Durch die Seitentür blickt Kubsch herein.
Bin gleich soweit, Kubsch.
Kubsch macht die Tür zu.

GROSS: Meinen Sie das ehrlich? Mich irritiert Ihre Ruhe –

BALAS: Meine Ruhe entspringt der Gewißheit, daß deine strengen, aber gerechten Worte Dinge ausdrücken, die ich schon lange tragisch empfinde, und deshalb fühle ich mich erleichtert, denn ich brauche nicht in einer Tätigkeit fortzufahren, an die ich nicht mehr glaube, und ich fühle mich erleichtert, daß endlich die Wiedergutmachung der Fehler erzielt wird, die ich verursacht habe. Ich wünsche dir bei der Liquidierung aller schädlichen Folgen von Ptydepe viel Glück und glaube fest daran, daß deine Arbeit zumindest so erfolgreich sein wird, wie meine erfolglos geblieben ist. Ich will dir, soweit meine bescheidenen Kräfte reichen, immer helfen. *Bietet Gross wieder Zigaretten an.* Nimm!

GROSS: Ich danke. Es scheint, Sie sind in sich gegangen.

BALAS: Ja.

GROSS: Vielleicht haben Sie sich wirklich in aufrichtiger Überzeugung geirrt.

BALAS: Sicher.

GROSS: Wie haben Sie das gemeint – mit dem «Mir-helfen-Wollen»?

BALAS: Willst du wirklich keine Zigarette?

GROSS: Ich möchte nicht. – Wie haben Sie das gemeint, daß Sie mir helfen wollen?

BALAS: Aber das ist eine wirklich gute Marke!

GROSS: Ich glaub's. Wie haben Sie das gemeint – mit dem «Mir-helfen-Wollen»?

BALAS: Wenn du keine nimmst, bin ich beleidigt. – Natürlich in der Funktion deines Stellvertreters.

GROSS: Es liegt anscheinend ein Mißverständnis vor. Ich hab gesagt, daß Sie das Amt verlassen müssen.

BALAS: Soweit würdest du es doch nicht kommen lassen!

GROSS: Es tut mir leid, aber ich habe mir vorgenommen, daß ich diesmal unnachgiebig sein werde. Ich will nicht meine alten Fehler wiederholen.

BALAS: Mach keine Probleme. Ich habe dich hier auch als meinen Stellvertreter belassen.

GROSS: Das war etwas anderes. Ich hätte von Rechts wegen Direktor sein sollen, die Wahrheit war auf meiner Seite.

BALAS: Das weiß ich jetzt auch.

GROSS: Mir war es von Anfang an klar.

BALAS: Das ist sehr einfach – immer von Anfang an gegen etwas zu sein. Viel schwieriger ist es, für etwas zu kämpfen, auch mit dem Risiko, daß du dir das Maul verbrennst.

GROSS: Das ändert jedoch nichts an der Tatsache, daß Sie hier der Hauptschuldige sind, und daher müssen Sie die Strafe auf sich nehmen. Sie packen also schleunigst Ihre Siebensachen und verschwinden, basta.

BALAS: Und wenn ich nicht verschwinde?

GROSS: Sie verschwinden.

BALAS: Du bist mir aber ein Schneller! *[oder Rrrrrh!] Balas entnimmt seiner Brusttasche ein Blatt Papier und zeigt es Gross.* Kennst du dieses Schreiben? Es ist die nachträgliche Anordnung für die Einführung von Ptydepe, und wenn ich mich nicht irre, ist deine Unterschrift darauf und nicht meine. Oder warst du nicht zu dieser Zeit Direktor? Also, wer ist nun der Hauptschuldige?
Zur Seitentür schaut Kubsch herein.
Bin gleich soweit, Kubsch. Sofort, ja?
Kubsch schließt die Tür.
Also?

GROSS: Diese eine Unterschrift ist doch eine lächerliche Bagatelle im Vergleich zu alldem, was Sie unternommen haben!

BALAS: Vor der Geschichte zählen leider nur solche Unterschriften!

GROSS: Abgesehen davon, daß Sie mich zur Unterschrift ganz einfach gezwungen haben.

BALAS: Ich erinnere mich nicht –

GROSS: Na, mit der Falle, die Sie mir mit dem Evidenzheft gestellt haben.

BALAS: An deiner Stelle würde ich nicht darüber reden!

GROSS: Warum nicht?

BALAS: Es ist doch so: Gäbe es keinen Zusammenhang zwischen dem Heft und deiner Unterschrift, könntest du behaupten, die Einführung von Ptydepe aus ehrlicher Überzeugung unterschrieben zu haben. Das würde dich zwar nicht entschuldigen, aber deine Tat doch irgendwie menschlich erklären. Wenn du dich aber auf diesen Zusammenhang berufst, bekennst du damit nur, daß du den Auftrag aus persönlicher Feigheit gegeben hast; um der gerechten Strafe zu entgehen, hast du nicht gezögert, das ganze Amt mit in die Katastrophe hineinzuziehen. Wenn du die Ptydepe-Anordnung nicht unterschrieben hättest, könntest du vortäuschen, daß du im Fall des Evidenzhefts die Widergesetzlichkeit deiner Tat nicht geahnt hast. Durch deine Unterschrift aber hast du dich zum vollen Bewußtsein ihrer Strafbarkeit und deiner panischen Angst vor der Strafe bekannt. Außerdem sind, wie du siehst, deine beiden Verfehlungen so originell miteinander verflochten, daß die eine die andere mehrfach potenziert. Wenn du zu der Ptydepe-Schuld auch deine Schuld bezüglich des Evidenzhefts freiwillig bekannt hättest, dann würdest du niemanden in Zweifel über den wahren Schuldigen für alles, was hier geschehen ist, gelassen haben. Also, was ist? Einigen wir uns?

GROSS: Gut. Verlassen wir beide das Amt.

BALAS: Was mich betrifft, so wüßte ich nicht, warum ich es verlassen sollte.

Pause.

GROSS *leise:* Und Sie würden mir wirklich bei allem ehrlich helfen?

BALAS: Ich bin froh, daß unser Gespräch endlich in sachliche

Gleise zurückkehrt. Selbstverständlich würde ich dir helfen. Nimm dir – *Balas bietet Gross Zigaretten an, dieser nimmt eine. Balas gibt ihm Feuer.*

GROSS: Sie besitzen eine Reihe von Erfahrungen. Sie können ein Ziel unbeirrbar *[wie ein Vieh, Bock]* verfolgen. Sie können für eine Sache schuften wie ein Vieh *[Bock]*. Würden Sie auch gegen Ptydepe wie ein Vieh *[Bock]* vorgehen?

BALAS: Anders kann ich nicht arbeiten.

Durch die Seitentür schaut Kubsch herein.

Sofort, Kubsch.

Kubsch schließt die Tür.

GROSS *unsicher*: Einer muß aber die Scheiße loslassen – Sie kennen doch die Leute –

BALAS: Das überlaß nur mir. *Ruft zur Seitentür:* Kubsch, komm rein!

Durch die Seitentür tritt Kubsch ein, hinter ihm kommen Morat, Kunz und Helene. Alle drei halten Mappen in der Hand, die sie auch schon im letzten Bild hatten. Sie stellen sich in eine Reihe, öffnen die Mappen und bereiten sich zum Sprechchor vor. Hüsteln, schauen sich gegenseitig, schauen Kubsch an.

Ihr könnt anfangen.

Kubsch gibt mit der Hand ein Zeichen.

MORAT
KUNZ } *lesen feierlich*: Geehrter Herr Direktor! Die Dele-
HELENE gation, welche unter der Führung vom Kollegen Kubsch zu dir kommt, besteht aus Menschen, die bis zum letzten Moment an Ptydepe ehrlich geglaubt und sich für seine Einführung in erster Linie eingesetzt haben. Um so schwerer ist es jetzt für uns, deine treuen Mitarbeiter, als Delegierte vor dich hinzutreten und dich vor den eventuellen Folgen einer weiteren Verbreitung von Ptydepe zu warnen. Weil aber gerade wir für Ptydepe so viel getan haben, fühlen wir uns nun verpflichtet, als erste darauf aufmerksam zu machen, wie groß und unlösbar die Probleme sind, mit denen die Einführung verbunden ist –

BALAS *gibt ihnen ein Zeichen zu schweigen*: Teure Freunde! Ich weiß sehr gut, in welch verzweifelte Situation wir durch Ptydepe geraten sind, und versichere euch, daß sie mich schon viele schlaflose Nächte gekostet hat. Als jetziger Direktor nehme ich auch einen wesentlichen Teil der Schuld auf mich. Wir haben es gut gemeint, aber schlecht gemacht. Wir haben uns eben ganz einfach geirrt, und jetzt müssen wir mit doppelter Energie für die Wiedergutmachung dessen kämpfen, was wir verdorben haben. Ich habe in Übereinstimmung mit höheren Anweisungen die ersten Schritte bereits unternommen, um jene Lösung der Situation anzustreben, auf die ihr mich aufmerksam machen wolltet. Damit will ich euch nun bekannt machen:

Vor allem trete ich als Direktor zurück und übertrage dieses Amt dem Berufeneren, hier unserem Kollegen Gross, welcher sich während der Ptydepe-Ära nicht nur eine reine Weste bewahrt hat, sondern außerdem viel Unrecht durch uns erlitten hat. Ich selbst nehme voller Dankbarkeit aus den Händen von Kollege Gross die Funktion des Stellvertreters entgegen, vor allem, um durch fleißige Arbeit meinen Willen zu beweisen, im neuen Geiste zu arbeiten und dadurch alles Schlechte wiedergutzumachen, was ich in guter Absicht begangen habe. Und nun gebe ich Herrn Gross das Wort.

GROSS *verlegen*: Was ist da noch hinzuzufügen? Ich bin euch nicht böse. Ich weiß, daß ihr es ehrlich gemeint habt. Ein Beweis dafür ist auch eure Delegation, die ja im Namen der Vernunft und der Sittlichkeit gekommen ist. Also deshalb: Was war, ist gewesen, reden wir nicht mehr darüber. Jetzt geht es um die Zukunft!

Morat, Kunz und Helene sehen Kubsch fragend an. Er gibt ein Zeichen, sie blättern um und lesen weiter.

MORAT ⎫
KUNZ ⎬ *lesend*: Entschuldigen Sie, Herr Direktor, aber mit
HELENE ⎭   einer so kurzen Erklärung können wir uns nicht zufriedengeben. Wir haben unser Leben für den Kampf um eine falsche Sache eingesetzt und wollen wissen, wer dahintersteckt und davon profitiert hat. Wir wurden betrogen und haben ein Recht zu wissen, wer uns betrogen hat.

GROSS *leise zu Balas*: Antworten Sie darauf?

BALAS *leise zu Gross:* Ja. *Laut:* Freunde! Wir alle sind schuld
   daran!

HELENE *auf Kubschs Zeichen:* Das ist eine Phrase!

MORAT *auf Kubschs Zeichen:* Wir wollen konkrete Personen
   wissen!

KUNZ: Namen!

BALAS: Gut, ich werde sie euch nennen. Ihr alle werdet
   höchstwahrscheinlich bemerkt haben, daß schon einige Zeit
   durch unser Amt ein rätselhafter, schweigender Mann ging,
   von dem niemand so recht wußte, was er eigentlich bei uns
   macht. Ich selbst habe den Mann am besten erkannt, weil ich
   unter seiner ständigen Aufsicht stand. Unerschöpflich waren
   seine Methoden, durch die er uns gezwungen hat, Dinge zu tun,
   mit denen wir nicht einverstanden waren. Bei allem war er
   dabei immer raffiniert in ein unauffälliges Gewand stillen Ad-
   jutantentums gehüllt. Und es ist kein Zufall, daß diese graue
   Eminenz des Ptydepe, die so sorgfältig darauf bedacht war, sich
   nach außen hin nicht zu kompromittieren, heute – wo die Sache, der sie so kriegerisch gedient hat, verloren ist – sich an die
   Spitze eurer Delegation geschlichen hat. Sie mißbraucht euren
   ehrlichen Glauben und lenkt, getarnt durch diese kritische Stel-
   lungnahme zu Ptydepe, den Verdacht von sich ab.

Kubsch wendet sich verzweifelt an Morat, Kunz, Helene und
Hanna, aber alle wenden sich von ihm ab. Tiefe Stille.

KUBSCH *läuft aufgeregt durch den Raum, bleibt bei der Tür hin-*
   ten stehen und ruft: Nieder mit den künstlichen Sprachen! Es
   lebe die natürliche menschliche Sprache! Es lebe der Mensch!
   Kubsch läuft zur Tür hinten hinaus. Verlegene Pause. Nach
   einer Weile klopft jemand an der rückwärtigen Tür, alle drehen
   sich um. Pause. Das Klopfen wiederholt sich. Fragende Blicke.
   Drittes Klopfen.

GROSS: Herein!

Durch die Tür tritt Schuba auf und lächelt blöde.

BALAS: Tag, Schuba! Komm her. Das ist Kollege Schuba –
   Schuba verbeugt sich vor allen und setzt sich dann auf den Platz
   von Kubsch. Allgemeines Aufatmen.

GROSS: Abschließend möchte ich noch sagen: Jetzt geht es um die

Zukunft. Ich fordere euch daher auf, eure besten Kräfte im Kampf um eine schnelle und erfolgreiche Wiedereinführung der natürlichen menschlichen Sprache einzusetzen, unserer geliebten Muttersprache –

BALAS *unterbricht ihn*: Moment mal, Josef! Die Kollegen sind bestimmt schon müde. Was weiter sein wird, können wir uns morgen auch noch sagen. Ich schlage vor, daß wir jetzt alle gemeinsam Mittag essen gehen. Wer ist dafür?

Alle heben sogleich die Hand.

MORAT: Das ist 'ne Idee!

KUNZ: Bravo!

HELENE: Hurra! Auf zum Gulasch!

BALAS: Treffpunkt in einer Viertelstunde in der Übersetzungszentrale!

Morat, Kunz und Helene drängen sich zur Tür hinaus.

Also, das hätten wir. Ist dir nicht kalt, Schuba?

Schuba schüttelt den Kopf, geht zum Tisch und sammelt die Papiere, die dort liegen. Er stopft sie in seine Taschen. Balas geht zu seinem Feuerlöscher, nimmt ihn von der Wand, Balas und Schuba durch die Tür hinten ab.

GROSS: Es scheint, die Dinge nehmen einen schnellen Verlauf –

HANNA: Kollege Direktor –

GROSS: Ich konnte nichts anderes machen. Ein offener Widerstand hätte mein Ende bedeutet – so kann ich wenigstens manches als Direktor retten.

HANNA: Kollege Direktor!

GROSS: Und übrigens, wo steht geschrieben, daß Balas letztlich nicht als nützlicher Mensch wie ein Küken aus dem Ei kriecht. Wenn ich ihn am richtigen Posten verwende.

HANNA: Herr Direktor –

GROSS: Was gibt's?

HANNA: Kann ich zum Essen gehen?

GROSS: Gehen Sie!

Hanna nimmt ihr Besteck und geht durch die Tür nach hinten ab. Gross sitzt und starrt vor sich hin. Durch die Seitentür kommen Balas und Schuba, beide tragen ihre Bestecke und gehen zur Tür hinten.

Gross für sich: Warum kann ich nicht wieder ein kleiner Junge sein. Ich würde alles ganz anders anfangen.

BALAS: Anfangen würdest du es vielleicht anders, aber das Ende wäre dasselbe. Also bleibt sich's gleich.

Balas und Schuba gehen durch die Tür hinten ab. Gross starrt eine Weile vor sich hin, steht langsam auf, nimmt sein Lösch-gerät, hängt es wieder an den alten Platz, dann entnimmt er der Schublade sein Besteck und geht langsam durch die Tür nach hinten ab.

Elftes Bild

Das Ptydepe-Seminar. Perina am Vorlesungspult. Vor ihm wieder vier Schüler, darunter auch Kalous.

PERINA: Der grundsätzliche Fehler bei Ptydepe war, daß man die Bedeutung der Redundanz kritiklos überschätzte. Die Redundanz wurde zum Schlagwort des Tages, wobei ganz und gar vergessen wurde, daß außer einer nützlichen Redundanz, die die Gefahr einer falschen Auslegung des Textes herabsetzt und demnach seine Verläßlichkeit erhöht, es auch eine nutzlose Redundanz gibt, die nur den gegebenen Text mechanisch verlängert. Auf der Jagd nach der maximalen Redundanz haben sogar einige Streber *[Beamte]* zwischen die Ptydepe-Wörter – die sowieso lang genug sind – weitere sogenannte Leertexte eingeschoben, welche den Prozentanteil der Redundanz blind erhöhten, so daß die Länge der amtlichen Texte unproportionell und ganz sinnlos gewachsen ist.
Durch die Tür hinten kommen Balas und Schuba mit ihren Bestecken in der Hand und gehen über die Szene. Balas klopft Perina anerkennend auf die Schulter. Beide seitlich ab.
Ich habe zum Beispiel von einem Fall gehört, wo eine kurze, bündige Vorladung zu einer Militärbehörde 36 dicht beschriebene Textseiten erforderte. Ein weiteres verheerendes Phänomen waren einige stilistische Konventionen, die in der Ptydepe-Ära entstanden sind. Das Streben um eine maximale Unähnlichkeit zwischen dem Folgenden und dem Vorhergehenden, aus der diese Konventionen gewachsen sind, hat mehr und mehr die Möglichkeiten einer weiteren Fortsetzung *[eines Ausbaus]* des Textes beschränkt, bis zu dem Punkt, daß in gewissen Fällen entweder der Text nur auf eine einzige mögliche Art weitergeführt werden konnte – so daß der Autor jeglichen Einfluß auf seine Mitteilung verloren hat – oder aber dieser Text überhaupt nicht mehr fortgesetzt werden konnte.

Durch die Tür hinten kommt Gross mit seinem Besteck in der Hand und geht nachdenklich zur Seitentür.

Aus all diesen Ptydepe-Fehlern hat die neue synthetische Sprache Chorukor auf schöpferische Art gelernt.

Als Gross diesen Satz hört, bleibt er stehen, dreht sich zu Perina und hört überrascht zu.

Aus allen diesen Fehlern von Ptydepe hat auf schöpferische Art und Weise die neue synthetische Sprache Chorukor gelernt. Diese sucht nicht mehr die Unzuverlässigkeit des Textes durch mühsames Aussuchen von einander am wenigsten ähnlichen Wörtern zu vermeiden, sondern erreicht im Gegenteil ihr Ziel wirkungsvoll durch das zielstrebige Organisieren und Erfassen der Wortähnlichkeiten. Je ähnlicher die Worte, desto verwandter auch ihr Inhalt, so daß ein möglicher Fehler im Text nur eine winzige Abweichung in seiner Bedeutung darstellt.

Gross läuft durch die Seitentür weg.

Das hat unzählige Vorteile, darunter auch den, daß Chorukor sehr leicht erlernt werden kann. Oft genügt es, ein einziges Wort aus einem gewissen Bedeutungsumkreis zu kennen, damit wir dann sogar ohne jegliches weitere Lernen auch viele andere Wörter mit ähnlicher Bedeutung erraten können.

KALOUS *meldet sich*: Bitte –

PERINA: Was gibt's?

KALOUS *steht auf*: Könnten Sie uns das an irgendeinem Beispiel demonstrieren? *Setzt sich.*

PERINA: Selbstverständlich. In Chorukor heißt «Montag» ilopagar, «Dienstag» ilopager, «Mittwoch» ilopagur, «Donnerstag» ilopagir, «Freitag» ilopageur, «Samstag» ilopagür. Was meint ihr, wie heißt wohl «Sonntag»? Na!

Als einziger meldet sich Kalous.

Kalous!

KALOUS *steht auf*: Ilopagor. *Setzt sich.*

PERINA: Richtig, Kalous! Sie bekommen eine Eins. Na, ist das nicht kinderleicht?

Kalous nickt.

Seht ihr. Und dabei kann man die Gefahr eines Irrtums ganz

vernachlässigen, denn irrt sich beispielsweise die Beamtin und schreibt auf die Einladung zu einer Versammlung ilopageur anstatt ilopager, so ändert das weder den Sinn noch den Zweck der Versammlung. Es kann höchstens passieren, daß die Beamten anstatt Freitag schon Dienstag zusammenkommen, und somit wird die Erledigung der in Frage stehenden Angelegenheit sogar erheblich beschleunigt.

Zwölftes Bild

Das Sekretariat der Übersetzungszentrale. Marie steht betrübt an ihrem Tisch. Im Vordergrund sitzt Balas mit dem Besteck in der Hand bequem auf einem Sessel, im Hintergrund steht Schuba, auch mit dem Besteck in der Hand. Aus der Kanzlei nebenan hört man die Geräusche einer Feier, genau wie im sechsten Bild. Marie schluchzt. Balas schaut sie an.

BALAS: Ärgern Sie sich nicht, aber ich habe dem Kollegen Direktor versprochen, daß ich wie verrückt *[wörtlich: wie ein Bock, wie ein Vieh]* arbeiten werde, und ich will dieses Versprechen nicht gleich am ersten Tag durch irgendwelche Kompromisse brechen *[veruntreuen]*. Was ist da nebenan los?

MARIE *schluchzend*: Kollege Wassermann hat Geburtstag. Die Kollegen lassen ihn hochleben *[prosten ihm zu]*.

BALAS *[«Juschka» heißt im Tschechischen Pepi, also sehr privat.]* Pepi Wassermann? Hörst du das, Schuba? Pepi hat Geburtstag.

Balas und Schuba gehen auf die Seitentür zu. In demselben Moment kommt durch die hintere Tür der aufgeregte Gross mit einem Eßbesteck in der Hand.

GROSS: Kollege Stellvertreter!

BALAS: Ja.

GROSS: Was soll das bedeuten?

BALAS: Was?

GROSS: Hier wird schon wieder irgendeine künstliche Sprache unterrichtet.

BALAS: Chorukor. *[Ch = K]*

GROSS: Wir haben doch ausgemacht, daß in unserem Amtsverkehr unsere normale Muttersprache wieder verwendet wird.

BALAS: Ich erinnere mich nicht, daß wir etwas Ähnliches ausgemacht hätten.

GROSS: Aber in meiner Benachrichtigung steht doch klar und deutlich –

BALAS: Soviel ich weiß, steht darin nicht, welche Sprache wir
jetzt benutzen sollen. Wenn wir mit Ptydepe Schluß gemacht
haben *[die Abrechnung mit Ptydepe]*, so bedeutet das nicht,
daß wir auf unsere Bemühung verzichten, endlich wieder Genauigkeit und Ordnung in den Amtsverkehr einzuführen.
Dann hätten wir nämlich das Kind mit dem Bade ausgeschüt-
tet. Wir alle wissen doch, daß unsere Sprache durch den täg-
lichen Umgang mit Ptydepe negativ beeinflußt wurde und die
Rückkehr zu ihr gleichbedeutend wäre mit der Rückkehr zu
Ptydepe. Stimmt's, Schuba?
Schuba nickt.
GROSS: Ich habe es so verstanden, daß...
BALAS: Du hast es falsch *[schlecht]* verstanden. Man sieht, du
hast zu lange in der Isolation gelebt, die dich auf tragische
Weise durch Verlust des lebendigen Kontakts mit der Realität
gebrandmarkt hat. Ich will dir nicht in deine direktoriellen
Angelegenheiten dreinreden, aber wenn ich sehe, daß du wie
ein Blinder herumtapst und sehr schnell mit der Überzeugung
des Großteils unserer Beamten in einen Konflikt geraten
könntest, muß ich eingreifen. Sei mir nicht böse.
GROSS: Wäre es dann nicht einfacher, Sie bleiben weiterhin Direktor und ich Ihr Stellvertreter?
BALAS: Diese Unbesonnenheit habe ich schon einmal begangen,
und ich will sie nicht wiederholen. Machen wir jeder von uns
das, was ihm am besten liegt. Ich habe gewisse Organisations-
fähigkeiten, die ich glänzend in der Funktion des Stellvertreters zur Geltung bringen kann, und du wirst immer besser die
schwere Verantwortung tragen, die mit der Funktion des Direktors verbunden ist. *Zu Schuba:* Komm, Schuba, wir gehen
schnell mal rüber.
*Schuba und Balas gehen durch die Seitentür. Die Geräusche
der Geburtstagsfeier werden lauter, dann wieder leiser.*
MARIE: Josef?
GROSS: Was denn?
MARIE: Du hast mir nicht gesagt, daß der Beobachter schon
wieder auf seinem Posten war.
GROSS: Na und?

MARIE: Er hat alles gehört und gesehen.

GROSS: Was alles?

MARIE: Daß ich dir die Benachrichtigung übersetzt habe.

GROSS: Na und?

MARIE: Er hat mich verpfiffen. Und ich bin augenblicklich raus-
geschmissen worden, weil ich einen bedeutungsvollen Ptydepe-Text ohne Abschlußexamen übersetzt habe.

GROSS: Ptydepe ist doch abgeschafft.

MARIE: Kollege Balas sagte mir, das hat keine Bewandtnis [da-
mit nichts zu tun]. Verbot bleibt Verbot, und wie sollen sie die
Gewähr haben, daß ich nicht auch aus Chorukor nicht geneh-
migte Übersetzungen mache. Er hat dir angeblich versprochen, daß er wie ein Vieh [Bock] arbeiten wird, und er will
dieses Versprechen nicht gleich am ersten Tag durch irgendwelche Kompromisse brechen [veruntreuen].

GROSS: Was wirst du nun machen?

MARIE: Sei mir nicht böse, daß ich dich damit belästige, aber
könntest du seine Entscheidung nicht rückgängig machen,
mit einem Wort – eine Entscheidung kann man auch rückgängig machen oder vergessen.

*Lange Pause. Die Unterhaltung nebenan ist bald lauter, bald
leiser.*

GROSS *wendet sich plötzlich an Marie, ernsthaft*: Liebe Marie.
Wir leben in einer besonders komplizierten Epoche. Wie
Hamlet sagte: «Die Zeit ist aus den Fugen. Schmach und
Gram, daß ich zur Welt sie einzurichten kam.» Bedenke doch:
Wir fliegen auf den Mond, aber dabei ist es für uns immer
schwerer, zu unserem eigenen Ich zu gelangen. Wir beherr-
schen die Spaltung des Atomkerns, sind aber nicht imstande,
die Spaltung der eigenen Persönlichkeit zu verhindern. Wir
bauen herrliche Verbindungen zwischen den Kontinenten,
aber dabei ist es für uns ein immer größeres Problem, die Verbindung von Mensch zu Mensch auszubauen.

*Gross denkt nach. Kurze Pause. Man hört die Unterhaltung
von nebenan.*

Mit anderen Worten, unser Leben ist nicht mehr auf irgendeinen höheren Fluchtpunkt ausgerichtet, und wir zerspalten

unaufhaltsam, immer tiefer der Welt entfremdet, den Menschen und uns selbst. Wir sind wie Sisyphos, wir wälzen den Felsblock *[Riesenstein]* des Lebens auf den Berg seiner illusorischen Bedeutung, damit er gleich darauf zurückrollt in das Tal seiner eigenen Absurdität. Nie hing der Mensch so sehr über den Abgrund *[Rand]* eines unlösbaren Widerspruchs zwischen dem Willen seiner eigenen moralischen Subjektivität und der objektiven Möglichkeit ihrer ethischen Realisierung *[hinaus]*. Manipuliert, fetischisiert und automatisiert verliert der Mensch das Erlebnis eigener Totalität. Erschreckt schaut er wie ein Fremder auf sich selbst, ohne die Möglichkeit, das nicht zu sein, was er nicht ist, und das zu sein, was er ist.

Kurze Pause. Gross denkt nach. Die Feier nebenan ist jetzt lauter. Dann wendet er sich plötzlich direkt an Marie und setzt mit Nachdruck fort:

Liebe Marie! Du weißt nicht, wie schrecklich gern ich für dich das tun würde, worum du mich bittest. Um so mehr erschreckt es mich natürlich, daß ich für dich faktisch nichts machen kann, weil ich eigentlich mir selbst total entfremdet bin. Das Bedürfnis, dir zu helfen, stößt geradezu schicksalhaft mit der Verantwortung zusammen, die mir die Gefahr auferlegt, welche unserem Amt von Balas und seinen Leuten droht. Diese Verantwortung ist für mich so bindend, daß ich den Verlust meiner Position nicht durch irgendeinen offenen Konflikt mit Balas und seinen Leuten riskieren kann.

Gross schweigt. Die Unterhaltung nebenan erreicht ihren Höhepunkt. Man hört Gesang, der in Aufrufen endet. Die Rufe gehen im allgemeinen Gelächter unter, dann wird alles sehr schnell still – die Feier ist beendet. Durch die Seitentür kommen nacheinander Balas, Schuba, Morat, Kunz, Helene und Hanna herein. Alle tragen ihre Bestecke und wollen zur hinteren Tür. Sobald sie aber Gross sehen, bleiben sie stehen und hören ihm zu.

Übrigens hätte es keinen Sinn, diese meine komplizierte Situation noch weiter zu komplizieren, indem ich dein Leben in einer tragischen Perspektive sehe. Letzten Endes, real genommen, bist du noch jung; du hast das Leben noch vor dir, und nichts ist bis jetzt verloren.

Während Gross spricht, kommen durch die Tür hinten Perina und seine Schüler herein, durch die Geheimtür kriecht Jirka hervor. Auch sie alle haben Bestecke. Die Anwesenden bilden unbewußt um Gross und Marie einen Halbkreis. Alle stehen mit den Bestecken in den Händen sehr still da und hören zu.

Bedenke, wie viele Menschen können heute wirklich wahrheitsgemäß behaupten, daß sie einen Bruder beim Theater haben. Ein winziges Promille! Wer weiß, vielleicht wirst du dem Kollegen Balas noch einmal dafür dankbar sein, wenn du die Karriere einer berühmten Schauspielerin gemacht hast. Du darfst jetzt vor allem nicht die Hoffnung verlieren, das Lachen, die Liebe zum Leben und das Vertrauen in die Menschen. Gebrauche deinen Verstand und Kopf hoch! Ich weiß, es ist absurd, liebe Marie, aber ich muß jetzt zu Tisch. Servus! *Gross geht zu der im Hintergrund stehenden Gruppe. Pause. Alle sehen jetzt Marie an.*

MARIE *leise*: So schön hat hier mit mir noch keiner gesprochen. *Alle gehen bedächtig wie in einem feierlichen Umzug durch die Tür nach hinten ab, die Bestecke in den Händen.*

Marie sammelt ihre persönlichen Sachen zusammen und packt sie in ihre Handtasche. Sie setzt ihr Hütchen auf, blickt noch einmal um sich und geht zufrieden durch die Tür nach hinten ab.

Ende

Über die dialektische Metaphysik

Wer die Polemiken in unserer Presse liest, wer die Diskussionen hört, die geführt werden, wer die Artikel verfolgt, die erscheinen, der stößt immer wieder auf ein interessantes Phänomen: Auf der einen Seite findet man Anschauungen und Standpunkte, die von Anfang bis Ende völlig «richtig», «unstreitig» sind, die politisch, ideell und auch sonst tadellos wirken, aber in unsereinem das unwiderstehliche Gefühl von Desinteresse, Oberflächlichkeit, Langeweile und Leerheit erzeugen; auf der anderen Seite begegnet man – hie und da – Äußerungen, deren Sauberkeit zwar nicht so ganz evident ist, die oftmals sogar als «problematisch», «diskutabel», «einseitig», «verflachend» u. ä. bezeichnet werden, die aber – überraschenderweise – stets durch irgend etwas interessieren, erregen, provozieren, in denen man ein Stück frischen, ursprünglichen und unverbrauchten Denkens findet, die neue Probleme enthüllen, auf unbekannte Zusammenhänge hinweisen und unerwartete, fesselnde Formulierungen bieten.

Diese Situation nötigt uns die Frage auf: Wie kommt es, daß «Unstreitiges» nicht interessiert, «Problematisches» hingegen erregt? Ist Wahrheit allein schon durch ihr Wesen uninteressant und «Verflachung» durch ihr Wesen interessant? Sind notwendigerweise «Richtigkeit» mit Langeweile und «Problematik» mit Erregung verbunden? Oder liegt es in der Natur des Menschen, daß ihn stärker fasziniert, was an der Grenze der Wahrheit wandelt, und weniger, was sozusagen in ihrer Mitte ruht?

Ich glaube, daß Wahrheit immer eine erregende Sache ist – je tiefer, desto erregender – und daß der Mensch nicht von Natur aus so oberflächlich ist, wie es nach dem Vorhergehenden vielleicht erscheint. Was uns zu der unangenehmen, aber um so dringenderen Frage führt, ob es sich mit dem Wesen der Dinge nicht gerade umgekehrt verhält: ob nämlich nicht im Innern der «unstreitig richtigen», von allen möglichen Standpunkten und Aspekten aus geprüften und gekaderten Anschauungen – paradoxerweise – etwas sehr Unrichtiges steckt, und ob nicht im Gegenteil die als problematisch bezeichneten Anschauungen – paradoxerweise – etwas enthalten, was eine bedeutsame Wahrheit berührt, sei es auch vom anderen Ende her und auf ungewohnte Weise – ob also nicht die Wurzel des Übels statt in uns, den von «Unstreitigkeit» gelangweilten und von «Strittigkeit» erregten Lesern, vielmehr in jenen zu suchen ist, die «Unstreitiges» «Unstreitigem» anpassen und über unsere Gassenbüberei die Hände zusammenschlagen.

Jeder hat es schon erlebt: Der eine äußert die Anschauung A, der andere die Anschauung B, worauf ein dritter kommt und sagt, die Anschauung A habe «durchaus positive Züge» und sei «in einer bestimmten Situation» tatsächlich «bis zu einem gewissen Grade» akzeptabel, sie besitze jedoch «durchaus auch negative Züge» und könne «in einer bestimmten Situation» zu «gewissen unrichtigen Schlüssen» führen, weil sie Umstände übersehe, die in Anschauung B vorgebracht seien, welche zweifellos ihre «durchaus positiven Züge» habe und «in einer bestimmten Situation» «bis zu einem gewissen Grade» akzeptiert werden müsse, vorausgesetzt, daß wir ihre positiven Züge von ihren «durchaus negativen Zügen» zu trennen vermögen, die «in einer bestimmten Situation» wahrscheinlich zu «gewissen unrichtigen Schlüssen» führen würden; so daß wir zur «richtigen Anschauung» nur gelangen könnten, wenn wir aus den Anschauungen A und B das Positive nehmen und das Negative abzusondern verstünden, um dann die solcherart überprüften Anschauungen A und B zur Ansicht C zu vereinen, der aus den beiden ursprünglichen hervorgegangenen und diese gleichzeitig überwindenden. Worauf den zwei ursprünglichen Diskutanten nichts anderes übrigbleibt, als nach der salomonischen Synthese dem Synthetisten zu applaudieren, denn die Diskussion ist aus und alles mit letzter Gültigkeit gelöst.

Jedoch: Nichts ist gelöst, erreicht wurde lediglich, daß die beiden Diskutierenden eine ganze Zahl interessanter Argumente für Anschauung A beziehungsweise B nicht vorbringen konnten.

Ein bestimmter Typ von «dialektischer Synthese» hat hier zwei wertvolle, wenn auch einseitige Anschauungen liquidiert, indem er sie zu einer einzigen verband, die vielleicht nicht einseitig, dafür aber ziemlich wertlos ist. Wenn sie durch die dialektische Struktur auch höher zu stehen scheint als die beiden ursprünglichen Anschauungen, so rangiert sie doch wegen ihres mangelnden sachlichen Vermittlungswerts tief unter ihnen.

Dieses triviale Schema – entwickelt zu einer ganzen Skala reicher, weiterästelter Formen, im Grunde jedoch immer die Gegenstandslosigkeit und Verworrenheit seiner Ergebnisse bewahrend – spiegelt eine fundamentale Denkart, auf die sich ein Großteil jener «unstreitigen» und dabei leeren Erwägungen beruft. Ihr gründlich dialektisches Aussehen garantiert die «Unstreitigkeit», ihre Inhaltslosigkeit erweckt in uns das intensive Gefühl der Leere.

Auf den ersten Blick mag es den Anschein haben, dieser Umstand beweise die Ungültigkeit und Zwecklosigkeit der Dialektik, ich aber bin vom geraden Gegenteil überzeugt – die ganze Situation bestätigt die Dialektik auf originale Weise: die Denkart jener notorischen «Dialektiker» und «Synthetiker» ist nämlich nicht darum wertlos, weil sie dialektisch ist, sondern vielmehr darum, weil sie überhaupt nicht dialektisch ist. Es genügt, einen Blick unter das buntscheckige und so «unstreitig» dialektische Habit der meisten Anschauungen zu werfen, um ihre innere Unfähigkeit zur Dialektik zu entdecken: anstatt die Dinge in ihren konkreten Kontexten, gegensätzlichen Zuspitzungen und ihrer Ursprünglichkeit (die auch Ursprünglichkeit des Herantretens bedingt) zu sehen, betrachten sie die Dinge lediglich als Figuren auf dem Schachbrett eines apriorischen und im Grunde abstrakten dialektischen Schemas. Diese Anschauungen verstehen die Realität also mechanisch und – wenn man so will – metaphysisch: sie wird nach einem statischen Schema geformt, anstatt daß sich in ihr das Denken entwickelt – in dialektischer Einheit und dialektischem Ringen.

Kern solchen Denkens ist also etwas, das dialektische Metaphysik genannt werden kann. Die Umkehrung der Dialektik in dialektische Metaphysik bestätigt nur den dialektischen Charakter des Denkens: alles (somit auch die Dialektik) wird zunehmend wirklichkeitsfremder und in sein Gegenteil verkehrt, wenn es im Schema erstarrt; der Verlust des dialektischen Kontextes des Gedankens (in diesem Fall des dialektischen) führt notwendigerweise zur inneren Negation seiner selbst (in diesem Fall zur Vermetaphysierung). Eine Eigentümlichkeit dieses unseres Beispiels ist, daß das Subjekt der Erkenntnis gleichzeitig ihr Objekt wurde, die Dialektik bestätigt sich an ihrem eigenen Schicksal. Wollte man die dialektische Erläuterung eben dieses Prozesses fortführen, bliebe nur noch, die Hoffnung auszusprechen, die ursprüngliche – wenn das Wort erlaubt ist: naive – Dialektik könne trotz ihrer Negation in der «dialektischen Metaphysik» zu einer neuen, höheren «dialektischen Dialektik» werden. Womit freilich keineswegs gesagt ist, daß nicht auch sie schon morgen durch Vermetaphysierung illusorisch werden könnte.

Die Umkehrung der Dialektik in dialektische Metaphysik tritt ein, wenn sie zum Fetisch erhoben wird: man glaubt an die Dialektik «an sich», das heißt an etwas, das sich nicht in der Wirklichkeit und durch sie realisiert, sondern neben und über ihr; aus der Denk-Art wird ein Denk-Muster, aus dem Prozeß ein Schema; anstatt daß sich die Dialektik im Dienst an der Realität bestätigt, sucht man Bestätigung im Dienst der Realität an ihr. Das abstrakte Prinzip aber verträgt keine unverhofften Zusammenstöße mit der Wirklichkeit und reißt sich von ihr schließlich los, isoliert sich, kapselt sich ein: das Denken setzt praktisch aus und wird durch narzißtische Selbstvergötterung ersetzt. (Wer in alten Jahrgängen der *Philosophischen Zeitschrift* blättert, vermeint durch ein Spiegelgeschäft zu gehen, wo alle Stücke so reich und prächtig mit geschliffenen Ornamenten verziert sind, daß sie kaum noch etwas spiegeln können.)

Womit der Prozeß allerdings nicht endet: die Auffassung der Wirklichkeit als Bewegung von Gegensätzen – ist sie erst einmal so weit erstarrt, daß sie sich zu einem System von Gedankenkonventionen und verautomatisierten Interpretationstricks gewandelt hat – spricht am Ende der Wirklichkeit Bewegung und Gegensätzlichkeit ab; weil sich aber die Wirklichkeit trotzdem – unabhängig vom Los der Dialektik als Theorie – dialektisch weiterentwickelt, verwandelt sich das, was sie in ihrer gesetzesmäßigen Entwicklung ergründen sollte, langsam in eine Apparatur, die gezwungen ist, das ex post als gesetzesmäßig zu präsentieren, was als irrational fungiert.

Durch die Überordnung des theoretischen Prinzips über die konkrete Praxis gerät also – paradoxerweise – am Ende die Theorie ins Schlepptau der sich unergründlich entwickelnden Praxis, wodurch sie selbst unergründlich wird.

Die Vermetaphysierung entwertet die Dialektik auf der einen Seite dadurch, daß sie ihr das dynamische Wesen nimmt und sie zum statischen Schema macht, auf der anderen Seite dadurch, daß sie ihr – gerade deshalb (die Bindungen zur Praxis gehen verloren und somit die Kontrolle der Theorie) – jene entsetzliche «Dynamik» verleiht, die es dem Schema – wenn wir seine Autorität gelten lassen – ermöglicht, praktisch alles «dialektisch» zu begründen.

Es handelt sich hier beileibe nicht um abstrakte Spekulation. Die Auswirkungen der «dialektischen Metaphysik» sind oftmals geradezu tragisch konkret. Wir begegnen ihnen auf Schritt und Tritt. Die dialektische Metaphysik tötet, zerstört, entwertet die Dinge. Sie ist einer ungeheuerlichen Zentrifuge vergleichbar, die es fertigbringt, jeden Wert in ihren verhexten Wirbel zu ziehen und nach und nach zu zermalmen. Sie erreicht ihren Höhepunkt in der besonderen Fähigkeit, das konkrete Material nicht zu sehen, Ursprung und Besonderheit der Werte zu mißachten, die Realität um sich herum überhaupt nicht wahrzunehmen, die realistische Bewertung der Dinge zu umgehen; sie sieht nur sich selbst, erstarrt in einem gewissen selbstgefälligen, isolierten, einwärts gerichteten Blick, sie verwandelt ringsum alles in bloße Argumente ihrer eigenen abstrakten Wahrheit, sie interessiert sich für alles nur noch vom Standpunkt der Einordnung in ihr Schema. Eine heimtückische Waffe, eine Art Infektion, von deren Macht die oftmals ehrlichen Unglücksmenschen, die jeden Morgen – in Betrieben, Ämtern, Zeitungen, Kulturinstitutionen usw. – diese Zentrifuge in Gang setzen, keine Ahnung haben. Fangarme der dialektischen Metaphysik sind Wortfügungen wie «Ja, aber auch», «Gewiß, andererseits jedoch», «Von einem bestimmten Gesichtswinkel aus ja, von einem anderen nein», «Die Wahrheit liegt irgendwo in der Mitte», «Beide (respektive alle zehn, hundert, tausend) Anschauungen haben manchen positiven Zug, aber beide (oder alle zehn, hundert, tausend) haben auch manchen negativen Zug», «Wir dürfen auf der einen Seite nicht überbewerten, auf der anderen Seite nicht unterbewerten», «In einer gewissen Etappe sicherlich ja, in einer anderen entschieden nein» usw. usw. Wir haben es mit einem schrecklichen «Akkuratismus» zu tun: weder zu weit nach links noch zu weit nach rechts, weder zu weit oben noch zu weit unten, weder zu schwarz noch zu rosig, weder traditionell noch modern, weder nur Inhalt noch nur Form, weder so noch auch so, nur ein bißchen so, aber auch ein bißchen so, diesem ausweichen und jenem nicht unterliegen, das eine erhalten, beim anderen Ausgleich schaffen usw. usw. Woraus schließlich jene absurde «Un-Farbe» wird, die durch Vermischen sämtlicher Farben entsteht, jene schreckliche «All-Anschauung», die mit allem rechnet, bei allem Ausgleich schafft, alles einkalkuliert und sich gleichzeitig von allem distanziert, so daß sie zum Schluß logischerweise überhaupt nichts mehr aussagen kann; sie wird nach allen Seiten hin so genau abgegrenzt, so präzise «durchformuliert», daß sie gar keine Anschauung mehr ist, es entsteht eine amorphe, unbestimmte und impotente Masse, unfähig, eine zweckdienliche Form anzunehmen, völlig uninteressant, langweilig, düster, etwas so Nebelhaftes, Ungewisses und Durchlässiges, daß es nicht einmal an Gas erinnert, am ehesten noch an etwas, das es gar nicht gibt – an «Nichts».

Und wird dieses Nichts, diese Leere, zum Maßstab von Dingen, Anschauungen und Werten, Schöpfungen und Arbeit, eben von allem – dann ist klar, wie diese Anschauungen, Werte, Schöpfungen und Arbeiten ausfallen müssen.

Dialektik als philosophische Methode erklärt das Geschehen in der Welt – denn dieses ist dialektisch –, aber eben weil dem so ist, kann die Dialektik umgekehrt die Welt total verheimlichen, verschweigen und verleugnen – es genügt, daß sie sich durch ihre innere Vermetaphysierung selbst negiert.

Wirkliche Dialektik und dialektische Metaphysik sind voneinander genauso weit entfernt wie Persönlichkeit und Persönlichkeitskult – übrigens gerade durch einen gewissen Kult der

Dialektik (also ihrer Abtrennung vom Leben und ihrer Vergötterung) wird die Dialektik vermetaphysiert. Damit hängt ein ganzer Komplex von Begleiterscheinungen zusammen, beispielsweise die Konstituierung eines bestimmten dialektischen Rituals (das seine Priester hat), die Monopolisierung dialektisch-synthetischer Rechte in bestimmten auserwählten Händen, die Stabilisierung bestimmter allgemein kanonisierter demagogischer Tricks (A: Bei Ihnen hält die Metro den Fahrplan nicht ein, B: Bei Ihnen wiederum lyncht man die Neger) und endlich die immer größere Offensive derjenigen, welchen das Denken nach dem gegebenen Schema und die mit seinem Recht verbundene Macht zusagt, sowie die immer größere Defensive derjenigen, welche nur mit ihrem eigenen Verstand denken können.

Ich bin Theaterangestellter und kenne eine Menge Leute, die über Theaterfragen zu entscheiden haben; obwohl es diese Leute gut meinen, schaden sie dem Theater nur – je besser sie es mit ihm meinen, desto mehr –, denn sie wollen, daß sich die Theaterkunst mit allem und jedem ausgleicht, was ganz offensichtlich dazu führt, daß sie sich mit gar nichts mehr auszugleichen vermag. Der Mensch kann wahrscheinlich wirklich nicht immer und überall vollkommen wahrheitsgetreu bleiben, wenn er seine Gedanken eindeutig und verständlich mitteilen will, «heiße Eisen anfassen» und sich dabei «ideell unstreitig» verhalten, formal durchschlagend wirken und dabei nicht der Gefahr fruchtlosen Experimentierens verfallen, sozialistisch anspruchsvoll und dabei sozialistisch volkstümlich sein usw. usw. Eines geht immer auf Kosten des anderen: Würde Shakespeare damit nicht gerechnet haben, er hätte beispielsweise ‹Romeo und Julia› nicht schreiben können, wäre er doch früher oder später in einen Zauberkreis immer delikaterer Erwägungen geraten, nämlich, ob er denn nicht denjenigen guten Elternpaaren Unrecht tue, welche die Liebe ihrer Kinder unterstützten und sich gegenseitig schätzten, ob er nicht das Verhältnis Kirche–Elternhaus torpediere, ob er nicht die erzieherische Sendung der Ammen untergrabe usw. usw.; wie weit wäre er wohl gekommen, wenn er sich bei jeder Replik gefragt hätte, «wem wird dadurch Vorschub geleistet», «wer wird Beifall spenden», «wen trifft das eigentlich», und ob sein Stück vielleicht «unter gewissen Umständen», «in einer gewissen Situation», «wegen eines gewissen Aspekts» einzelnen Leuten nicht etwas anderes sagen würde als Leuten in anderer Situation.

Das Schlimmste an der dialektischen Metaphysik ist allerdings ihre – ebenfalls typisch metaphysische – Akommunikation: die völlige Unfähigkeit zur Qualitätsunterscheidung (sie begreift die ganze Welt im Grunde als eine einzige unbestimmte Materie, die sie mit ihrer Maschine erst bearbeiten muß) führt zur völligen Unfähigkeit, zu horchen und zu hören, unvoreingenommen und ohne apriorischen Standpunkt einer Anschauung das Ohr zu leihen, sich sachlich mit ihrer konkreten Fülle zu beschäftigen – es ist kein Zufall, daß gerade diese Denkart so oft von der typischen Objektivation der Anschauung bis in ihre äußeren und manchmal ganz und gar unbegründeten Attribute begleitet wird, vermittels derer man den sachlichen Inhalt umgeht (klassischer Fall ist die Bewertung einer Anschauung aus einem Gesichtswinkel, den ihr – zum Beispiel – ein Teil der Kritik gab). Kaum eine Anschauung darf also hoffen, die Chinesische Mauer der dialektischen Metaphysik zu durchbrechen und erhört zu werden – es schwindet schlechthin die Möglichkeit einer Verständigung, und man kann einander nur meiden…

Da hilft nichts: Jede wertvolle Anschauung muß – das liegt im Wesen der «Anschauung», die durch Anschauen entsteht – einseitig sein, wenn sie wirklich etwas mitteilen soll. Eine allseitige Anschauung ist Unsinn: sie ist so viel wie ein «Kampf für alles»; ein Kampf für alles aber ist notwendigerweise ein Kampf gegen alles und kann nicht anders ausgehen, als daß sich nach und nach alles gegenseitig erschlägt, am Ende bleibt «Nichts» übrig – das wir schon einmal auf dem Grund der Allseitigkeit identifizierten. Übrigens bestätigt uns gerade die Dialektik, daß «Alles» und «Nichts» nicht weit zueinander haben. Demnach gilt die These, daß weniger von «Allem» oft mehr von «Etwas» ist.

Damit sind wir bei der problematischen Frage nach der Problematik der einseitigen Anschauungen angelangt. Bediente ich mich der Gedankenkonvention der «dialektischen Metaphysik», würde ich jetzt damit beginnen, daß es selbstverständlich

auch unter den einseitigen Anschauungen wirklich problemati-
sche gibt, so daß wir hier gleichfalls nicht vereinfachen dürfen
(wer weiß, wem damit Vorschub geleistet würde) – doch ich
hoffe, mir nach dem bereits Gesagten diesen Ritus sparen zu
können, ohne gleich als Revisionist bezeichnet zu werden.

Viele Anschauungen, die wir hören oder in verschiedenen Polemiken lesen – gottlob ist dem so! –, erregen, unterhalten, interessieren und provozieren uns, wobei wir es nicht als störend
empfinden, daß sie «einseitig» sind – spüren wir doch, daß sie
uns, wenn sie anders wären, nicht erregen und provozieren würden. Ich habe die Anschauung geäußert, daß Wahrheit erregend
ist. Daraus ergibt sich, daß auch einseitige Anschauungen wahr-
haftig sein können. Wieso? Steht das nicht im Widerspruch zur
Dialektik?

Offensichtlich nicht. Die Erklärung ist einfach: Dialektik setzt
einseitige Anschauungen voraus, denn sie expliziert das Denken
als Kampf der Gegensätze. Wie aber könnten Gegensätze existieren, wenn wir alle «allseitige Anschauungen» hätten? Was
würde womit kämpfen? Bestenfalls die formale Routine des dialektischen Synthetismus mit der noch formaleren Routine eines
noch dialektischeren Synthetismus. Was an den aus der Literatur
unrühmlich bekannten «nichtantagonistischen Widerstreit des
Positiven und des noch Positiveren» gemahnt.

Wahrlich, durch eine originelle, neue, absichtlich einseitig
aufgebaute Anschauung, die vielleicht sogar mit einem neuen,
aus dem gegebenen Zusammenhang – einseitig – gewählten Begriff arbeitet, durch eine solche gewagte, eindringliche, frische,
ursprüngliche, provozierende Anschauung vermag man die
Wahrheit – und sei es auch nur von einer Seite – eher zu berühren
als mit einer Anschauung, welche die Wahrheit von allen Seiten
erfassen will und sie am Ende von keiner her erfaßt. (Fotografie-
ren wir einen Menschen en face, fangen wir gewiß nicht sein
Profil ein, dennoch wird die Aufnahme mehr aussagen, als hätten wir ihn von allen Seiten belichtet – das ergäbe lediglich ein
graues Allerlei, das ebensogut ein Blumentopf oder ein Rouleau
sein könnte.)

Fürchten wir darum einseitige Anschauungen nicht – ihre Einseitigkeit hilft uns, die Welt besser zu durchdringen, sie ist ein Zeichen ursprünglichen Denkens, das sich den Konventionen landläufiger «dialektischer Metaphysik» entwindet (freilich ist es von der «Position» dieser Konventionen aus leicht zu verurteilen, aber von solch einer Position aus ist alles leicht zu verurteilen); die einseitigen Anschauungen sind Bausteine der «Thesen», aus denen die «Synthese» unseres gesellschaftlichen Bewußtseins entsteht – hier, heute, immer, überall, in der Theorie, in der Praxis um uns herum, in unseren Köpfen, im Denken aller, die diese Anschauungen akzeptieren, auf sie reagieren, sie verarbeiten und mit ihnen polemisieren. Einzig die Synthese daraus, nämlich die Synthese aus einem unaufhörlichen und in gewissem Sinn unvorhersehbaren Prozeß (also nicht die Synthese aus einem statischen apriorischen Schema), ist die wahrhaft dialektische, sei sie noch so anspruchsvoll, beschwerlich, voller Überraschungen, Verkehrungen, unverhoffter Enttäuschungen und Erfolge: sie entsteht nicht durch mechanisches Vollstopfen einer vorfabrizierten Form, sondern im Gegenteil durch andauernde Spannung zwischen der lebendigen Realität der Welt und dem Denken des Menschen.

Anatomie des Gag

Beweint einer den Tod seiner Frau, ist das kein Gag. Mixt sich jemand einen Gin-Fizz, ist das ebenfalls kein Gag. Wenn jedoch Chaplin die Nachricht erhält, seine Frau sei gestorben, wenn er sich umdreht, vom Weinen geschüttelt wird, sich uns gemächlich wieder zuwendet – und wir feststellen, daß er nicht vom Weinen geschüttelt wurde, sondern sich einen Gin-Fizz mixte, dann ist das ein Gag.

Jagt der Gendarm den Frigo, ist das kein Gag. Stehen der Gendarm und Frigo am Fußgängerüberweg und warten, bis die Kreuzung freigegeben wird, ist das ebenfalls kein Gag. Wenn aber der Gendarm den Frigo jagt, Frigo beim Fußgängerüberweg stehenbleibt, der Gendarm einen halben Schritt hinter ihm stoppt, beide ruhig warten – und die wilde Jagd erst weitergeht, nachdem der Verkehrsschutzmann das Freizeichen gegeben hat, dann ist das ein Gag.

Wartet ein Mieter, bis ein Kübel mit Wasser vollläuft, ist das kein Gag. Hat dieser Mieter Wut auf Laurel und Hardy und schüttet er einen Kübel Wasser über sie, ist das noch immer kein Gag. Wenn aber ein Mieter Wut auf Laurel und Hardy hat, sich auf dem Höhepunkt des Affekts befindet, einen Kübel Wasser über die beiden schütten will – und erst einmal warten muß, bis der Kübel vollläuft, dann ist das ein Gag.

Die Enthüllung eines Denkmals der Prosperity ist kein Gag. Ein schlafender Chaplin ist ebenfalls kein Gag. Wenn aber das Denkmal der Prosperity enthüllt wird – und sich beim Fallen des Tuchs zeigt, daß in den Armen der Statue der Bettler Chaplin schläft, dann ist das ein Gag.

Lehnt Harpo Marx an einem Haus und fragt ihn jemand, ob er das Haus stütze, ist das kein Gag. Stürzt das Haus ein, ist das ebenfalls kein Gag. Wenn aber Harpo Marx an einem Haus lehnt, ihn jemand fragt, ob er das Haus stützt, er zur Seite tritt – und das Haus tatsächlich einstürzt, dann ist das ein Gag.

Arbeitet Chaplin in einer Fabrik am Fließband, ist das noch

kein Gag, auch wenn es spaßig wirken sollte. Kratzt sich Chaplin hinterm Ohr, ist das ebenfalls kein Gag, obwohl es ganz sicher spaßig wirkt. Wenn Chaplin aber in der Fabrik am Fließband arbeitet, sich hinterm Ohr kratzt – und ihm die Teile unter der Hand davonfahren, was eine Kalamität auf dem ganzen Band verursacht, dann ist das ein Gag.

Fürs erste können wir also feststellen: Der Gag (die Beschränkung auf den Gag der klassischen Filmgroteske geschieht der Einfachheit halber) setzt sich aus mindestens zwei Grundphasen zusammen, die, obwohl sie an und für sich weder komisch noch absurd zu sein brauchen, im selben Augenblick ein Gefühl der Absurdität und des Lachens erzeugen, da sie zusammentreffen.

Was ist für jede dieser Phasen typisch? Welche Beziehung besteht zwischen ihnen? Warum entsteht durch ihr Zusammentreffen Absurdität?

S. M. Eisenstein schreibt in seinen Chaplin-Betrachtungen: «Eine Gruppe bestrickender Chineslein lacht... über eine Szene, die sich im Hintergrund des Zimmers abspielt... Ein Mann hat sich aufs Bett geworfen. Er ist offenbar betrunken. Eine kleine chinesische Frau schlägt ihn zornentbrannt ins Gesicht. Die Kinder platzen fast vor Lachen. Obwohl der Mann ihr Vater ist. Und die kleine Chinesin ihre Mutter. Der große Mann aber ist nicht betrunken. Und die kleine Frau ohrfeigt ihn auch gar nicht wegen Trunkenheit. Der Mann ist tot. Und sie ohrfeigt ihn, weil er gestorben ist und sie samt den kleinen Kindern, die so hellauf lachen, dem Hungertod ausgeliefert hat... Wenn ich über Chaplin nachdenke, sehe ich ihn stets in der Gestalt eines solchen fröhlich lachenden Chinesleins, das zuschaut, wie der Kopf des großen Mannes von den Ohrfeigen seiner Frau komisch hin- und herschwingt. Unwichtig, daß die Chinesin Mutter und der Mann ein arbeitsloser Vater ist. Unwichtig auch, daß er tot ist. Darin liegt Chaplins Geheimnis. Darin ist er unnachahmlich. Darin beruht seine Größe. Die schrecklichsten, erbärmlichsten, tragischsten Geschehnisse mit den Augen eines lachenden Kindes zu sehen. Derlei Dinge unvermittelt und jählings zu sehen – außerhalb ihrer moralisch-ethischen Bedeutung, außerhalb jeder Be- und Verurteilung, ganz so, wie ein Kind sie unter schallendem Gelächter betrachtet...»

Im ersten Kapitel seiner ‹*Theorie der Prosa*› demonstriert Viktor Schklowskij die Methode der Verfremdung an einer bekannten Szene aus ‹*Krieg und Frieden*›: Natascha Rostow sitzt in der Moskauer Oper und gerät in eine sonderbare Verfassung – unversehens nimmt sie die Vorstellung nicht mehr als solche wahr, nämlich als eine Reihe mehr oder weniger ästhetischer Leistungen, sondern bemerkt plötzlich, was wirklich auf der Bühne ist: Pappkulissen und zwischen diesen dicke Damen und Herren, die kommen, umherlaufen, einander küssen, laut singen und wieder gehen. Indem Tolstoj die Vorstellung durch die Augen Nataschas beschreibt, verfremdet er sie: er benutzt nicht die Begriffe, die im gegebenen Zusammenhang üblich sind und die den Sinn der gegebenen Sache erfassen oder wenigstens stellvertretend für ihn stehen, sondern benennt sie, als sähe er sie zum erstenmal; er beschreibt sie also, wie sie wirklich erscheinen, in ihrem «Tatbestand».

An derselben Szene Tolstojs demonstriert Václav Černý (‹*Erstes Heft über den Existentialismus*›) das Gefühl der Absurdität: «Es genügte, daß sie [Natascha] – sehend und hörend – ins Gesehene und Gehörte nicht mehr den vermittels Geste gedolmetschten Sinn einfügte, und schon entfaltete sich vor ihr die lebendige Handlung in einem neuen und ungeahnten Ausmaß, im Ausmaß des Absurden.»

Beide Interpretationen von Tolstojs Szene ergänzen einander gut: das Gefühl der Absurdität entsteht hier durch Verfremdung. Natascha sieht in der Welt plötzlich nicht mehr die traditionellen Funktionen der Erscheinungen (Mutter, Vater, Tod, Schläge), sondern deren unmittelbaren «Tatbestand» (komisch hin- und herschwingender Kopf); sie sieht die Dinge «unvermittelt und jählings – außerhalb ihrer moralisch-ethischen Bedeutung, außerhalb jeder Be- und Verurteilung, ganz so, wie ein Kind sie unter schallendem Gelächter betrachtet...» (Eisenstein).

Zuerst weint Chaplin (beziehungsweise es kommt uns so vor, als weine er) und mixt sich erst danach einen Gin-Fizz (beziehungsweise wir stellen fest, daß er sich einen mixt). Die zweite Phase (Gin-Fizz) verfremdet die erste (Trauer).

Zuerst rennen Frigo und der Gendarm und bleiben dann erst an der Straßenkreuzung stehen. Die zweite Phase (Warten an der Kreuzung) verfremdet die erste (Jagd). (Zur Geltung kommt hier allerdings auch die umgekehrte Koppelung: die Jagd verfremdet die Konvention der Verkehrsdisziplin.)

Zuerst gerät der Mieter in Wut, die er sofort auslassen will, und muß dann erst warten, bis sein Kübel voll Wasser läuft. Die zweite Phase (Warten auf Wasser) verfremdet die erste (Affekt).

Zuerst läuft der Akt der Denkmalsenthüllung ab, und dann erst gewahren wir Chaplin in den Armen der Statue. Die zweite Phase (schlafender Chaplin) verfremdet die erste (Denkmalsenthüllung).

Zuerst wird Harpo Marx gefragt, ob er das Haus stütze, und nachher erst stürzt das Haus ein. Die zweite Phase (einstürzendes Haus) verfremdet die erste (Redensart).

Zuerst arbeitet Chaplin am Fließband und danach erst kratzt er sich hinterm Ohr. Die zweite Phase (Kratzen) verfremdet die erste (Fließband).

Die Verfremdung rückt die erste Phase in ein absurdes Licht. Den Gag können wir somit als einen bestimmten, spezifischen Fall von Verfremdung betrachten. Durch Verfremdung entsteht in ihm die Absurdität.

Die einzelnen Gag-Phasen lassen sich sodann gemäß ihren Funktionen zu folgendem Verfremdungsprozeß aufgliedern:

Die erste Phase exponiert die Situation des Gag; sie ist gegeben; in den Gag tritt sie nicht von außen ein, sondern sie «wartet» auf ihre Verfremdung, deren Objekt sie wird; sie ist passiv und nimmt die Absurdität auf sich, welche die zweite Phase in den Gag hineinträgt. Durch ihre Verfremdung und Verunsinnigung verschafft sie ihm Resonanz; in der Enthüllung ihrer Absurdität liegt der eigentliche Bedeutungskern des Gag.

Die zweite Phase verfremdet die erste und enthüllt somit deren Absurdität, sie ist also das «Subjekt» der Verfremdung; sie ist die aktive Kraft, sie bringt die Absurdität in den Gag; was vor ihrem Auftreten Sinn hatte, verwandelt sie in Unsinn, sie dementiert die gegebene Situation, verdreht und negiert sie.

Die beiden Phasen sind – wie ersichtlich – nicht vertauschbar. (Es realisiert sich hier das dialektische Prinzip: These – die erste Phase am Anfang, Antithese – die zweite Phase kommt ins Spiel, Synthese – Verfremdung der ersten Phase durch die zweite.)

Diese Beschreibung des Gag erscheint vermutlich trivial, hat aber ihre Berechtigung: viele Regisseure und Schauspieler glauben, es sei ein Gag, wenn der Mieter seinen Kübel Wasser über Laurel und Hardy schüttet oder Chaplin einen Gin-Fizz mixt.

Tolstoj verfremdet die Oper, indem er eingebürgerte Begriffe durch die Beschreibung der Wirklichkeit ersetzt, wie sie tatsächlich ist. Diese Beschreibung ist neu, ungewohnt, nicht abgenutzt; im Gegensatz dazu spiegelt das System eingebürgerter Begriffe konventionelles und automatisiertes Wahrnehmen wider.

«Befassen wir uns mit den allgemeinen Gesetzen der Wahrnehmung, dann sehen wir, daß Vorgänge, die zur Gewohnheit geworden sind, automatisch zu werden beginnen.»

«Die Automatisation frißt die Gegenstände, Kleider, Möbel, die Frau und die Angst vor dem Kriege» (Schklowskij).

Die Verfremdung reißt die Wirklichkeit aus dem Automatismus, dem sie unterworfen ist und den sie erfüllt.

Schklowskij schreibt über Tolstoj: «Jeder, der Tolstoj gut kennt, kann bei ihm einige hundert Beispiele des aufgezeigten Typus finden. Diese Art, Dinge aus ihrem Kontext herausgehoben zu sehen, führt dazu, daß Tolstoj in seinen letzten Werken beim Zergliedern und Beschreiben der Dogmen und Riten gleichfalls die Methode der Verfremdung anwendete, wobei er an Stelle von Wörtern der konfessionellen Terminologie deren gewöhnliche Bedeutung setzte; es entstand etwas Besonderes, Staunenswertes, von vielen aufrichtig als Lästerung Empfundenes, das zahlreiche Menschen schmerzlich verletzte. Doch es war immer dieselbe Methode, mit der Tolstoj die Dinge seiner Umgebung wahrnahm und wiedergab. Tolstojs Wahrnehmung brachte, wenn sie auf Dinge stieß, die er lange nicht antasten wollte, seinen Glauben ins Wanken.»

Verfolgen wir die Opernaufführung mit dem verfremdenden Blick von Natascha Rostow, dann gewahren wir auf der Bühne konkrete Erscheinungen – beispielsweise die Pappkulissen und eine dicke Sängerin –, aber diese Erscheinungen sind aus ihrem Kontext gerissen – der Oper – und kommen uns deshalb absurd vor.

Sind Felsen, Sonne, Wind, Haus, Frauenausschuß – was immer – als solche absurd? Selbstverständlich nicht: die Wirklichkeit ist – ohne wahrnehmendes Subjekt, ohne den Menschen – außerhalb des Sinns, außerhalb der Absurdität, sie ist indifferent. Sinn bekommt alles erst in dem Augenblick, da der Mensch ihn hineinlegt, und absurd wird alles erst, wenn der Mensch den Sinn, den er hineingelegt hat, wieder herausnimmt.

Der Sinn einer Erscheinung wird von der Beziehung bestimmt, durch welche der Mensch sie mit anderen Erscheinungen verknüpft, also durch ihren menschlichen Kontext. Absurd wird, was diesen menschlichen Kontext verliert.

Pappkulisse und dicke Sängerin sind als solche nicht absurd, absurd werden sie erst dann, wenn sie den Sinn verlieren, den ihnen der Mensch gab, den Kontext, in den er sie einordnete, d. i. der Kontext der Oper. Es ist der Augenblick, da diese Erscheinungen aufhören, Oper zu sein.

Dicke Sängerin und Pappkulisse jedoch machen Oper. Werden sie absurd, wird die Oper absurd; sie gibt vor, daß etwas Absurdes nicht absurd ist.

Es geht also nicht um die dicke Sängerin und die Pappkulisse, sondern um die Oper; die Oper gibt uns Gewähr für beider Sinn – haben sie keinen, dann deshalb, weil ihnen die Oper keinen verlieh.

Tolstoj verlor den Glauben, als er die religiösen Riten verfremdete.

Durch die Verfremdung und Verunsinnigung der konkreten Handlungen von Opernaufführung und religiösem Ritus wurden Oper und Religion verfremdet und verunsinnigt.

Fehlerhaft ist nicht die Wirklichkeit, sondern ihr Kontext –

das System von Relationen, das Träger des menschlichen Sinns der Wirklichkeit sein sollte, es aber nicht ist. Verfremdung und Verunsinnigung entstehen zwar durch Herausreißen der Erscheinung aus ihrem Kontext, verfremdet und verunsinnigt wird dadurch am Ende jedoch der Kontext selbst.

Weshalb kam uns die gegebene Wirklichkeit vor der Verfremdung nicht absurd vor? Aus einem einfachen Grund: Der Sinn wird von seinem Schein überlagert. Wir gewahren mehr oder weniger den einstmaligen Sinn; das Beharrungsvermögen, der Automatismus, sind am Werk.

Eigentlicher Gegenstand der Verfremdung ist also in letzter Instanz der Automatismus der Wirklichkeit.

1. Stirbt unsere Frau, weinen wir gewöhnlich und mixen uns keinen Gin-Fizz; jagt uns ein Gendarm, rennen wir gewöhnlich, ohne auf Verkehrsregeln zu achten; geraten wir in Wut, warten wir gewöhnlich nicht und lassen unsere Wut so schnell wie möglich aus; wird ein Denkmal enthüllt, ist das gewöhnlich ein feierlicher Augenblick, wobei auf der Statue kein Bettler schläft; lehnt jemand an einem Haus, stützt er es gewöhnlich nicht; ein Arbeiter am Fließband kann sich gewöhnlich nur mit diesem beschäftigen.

Der Gag verfremdet also, wie man sieht, den Automatismus dadurch, daß er ihn stört.

Doch Vorsicht: Mixen eines Gin-Fizz sieht von hinten gewöhnlich wie Weinen aus; an Kreuzungen wird gewöhnlich gewartet; es dauert gewöhnlich eine Weile, bis der Kübel voll Wasser ist; haben wir keine Bleibe und sind wir schläfrig, ist es uns gewöhnlich egal, wo wir uns hinlegen; gewöhnlich wird nicht gestützt, was nicht einzustürzen droht; juckt es uns hinterm Ohr, kratzen wir uns gewöhnlich.

Tolstoj verfremdete die Konvention (den Automatismus) der Oper durch ihre unkonventionelle (nicht verautomatisierte) Beschreibung.

Der Gag verfremdet einen Automatismus mit dem anderen.

2. Jeder weiß, wie Weinen aussieht und wie man einen Gin-Fizz mixt; wie eine Jagd aussieht und wie man am Fußgängerüberweg steht.

Stellen wir uns nun vor, Chaplin würde beim Mixen eines Gin-Fizz weinen; der Gendarm würde am Fußgängerüberweg auf Frigo eindringen und Frigo würde zwischen den anderen Fußgängern Schutz suchen; der Mieter würde ungeduldig den Kübel umspringen, bis dieser voll wäre; Chaplin würde auf der Statue nicht schlafen, sondern in tadellosem Frack und pathetischer Haltung dastehen; das Haus würde nicht einstürzen, sobald Harpo die Hand wegnimmt, sondern auf eine Bombe warten; oder Chaplin würde – wegen des Fließbands – das Jucken hinterm Ohr überwinden!

Es entstünde kein Gag.

Wir alle kennen die Oper, und was Natascha auf der Bühne sieht, ist nichts Erdachtes – dicke Sängerinnen gibt es in Opern bis auf den heutigen Tag.

«Verfremdung entsteht, indem eingebürgerte Begriffe durch die Beschreibung der Wirklichkeit, wie sie tatsächlich ist, ersetzt werden.» Hätte Tolstoj die Aufführung nicht mit authentischer Treue beschrieben, würden wir nicht glauben, daß die Oper tatsächlich so ist, und wäre sie andererseits nicht etwas uns allen Bekanntes, würden wir den eingebürgerten Begriff nicht kennen, der ersetzt wird, ja wir wüßten nicht einmal, wie aussieht, was er bezeichnet.

Es entstünde keine Verfremdung.

Tolstoj verfremdete eine allgemein bekannte Konvention durch eine Beschreibung, deren Unkonventionelles auf treuer Authentizität beruhte.

Der Gag verfremdet einen allgemein bekannten Automatismus durch den Einbruch eines treu authentischen Bildes eines anderen allgemein bekannten Automatismus.

Durch diesen Einbruch, welcher das wichtigste (umstürzende) Moment des Gag bildet, entsteht folglich im ursprünglichen Automatismus nichts, was im Widerspruch zu irgendeiner Konvention stünde, nichts Erdachtes oder Unsinniges, keine phantastische Absicht, es kommt lediglich eine andere

Konvention hinzu, ein anderer Automatismus. Von diesem
Standpunkt aus gesehen, besteht somit das ganze Prinzip des
Gag darin, daß ein plötzlicher, unerwarteter Übersprung aus
einer allgemein bekannten Konvention in eine andere stattfindet. Je treuer der Umsturz, der hier einsetzt, je schärfer und
authentischer das Auftreten des neuen Automatismus (zweite
Phase), je «reiner» und gegenseitig isolierter die beiden Automatismen, desto besser.

3. Die Koppelung der beiden im Gag zusammentreffenden Automatismen hat allerdings stets ihre Logik, wenn auch eine andere,
als uns die ihnen innewohnende vermuten ließe: einmal ist es die
Logik der Ähnlichkeit zweier Bewegungen (Chaplin könnte unmöglich etwas tun, was von hinten nicht dem Weinen gliche); ein
andermal ist es die Logik mechanischer Reaktion des modernen
Menschen auf die Verkehrslenkung (Frigo und der Gendarm
könnten unmöglich auf einmal anderswo stehenbleiben als an
einer Straßenkreuzung); einige Male werden zwei verschiedene
Automatismen durch bloße Grund – Folge – Logik verbunden
(es hätte keinen Sinn, wenn der Mieter bei vollem Kübel wartete,
wenn Chaplin trotz fehlender Bleibe auf der Statue Handstand
machte oder wenn er den Lauf des Fertigungsbands durch Aus-
nahmsweises unterbräche – zum Beispiel durch einen Infarkt);
sodann ist es die Logik wortwörtlicher Auslegung einer Redensart (nach jener könnte Harpo Marx unmöglich anstatt des Hauses zusammenbrechen); usw. usw.

Jeder Schauspieler wird leicht den einen, den Ausgangsauto-
matismus spielen – da widerstrebt nichts der landläufigen
Psychologie. Jedoch den Übersprung aus dem einen Automatismus in den anderen zu vollziehen und damit eine andere, höhere
Logik als diejenige landläufiger psychologischer Kontinuität
darzustellen, das dürfte weitaus schwieriger sein.

Uns wird als Gag vorgesetzt: Einer umspringt ungeduldig den
Kübel, in den Wasser läuft, oder: Einer versucht psychologisch
den Übergang von der Jagd zum Warten erkennbar zu machen.

Der Gag ist weder Unsinn noch Unlogik, er ist die Verunsinnigung einer Logik durch die andere; er verblüfft nicht durch

Exponierung des Unbekannten, sondern durch den unerwarteten Blick auf das Bekannte; er streitet nicht die Realität ab, sondern denkt sie zu Ende; er steht nicht im Widerspruch zu den Konventionen, sondern stützt sich auf diese und arbeitet mit ihnen.

Der Gag ist eine besondere Form der Metapher.

Da taucht ein Problem auf: Wenn der Gag einen Automatismus durch den anderen verfremdet und wenn seine beiden Phasen – vom Standpunkt seiner formalen Funktion aus – nicht vertauschbar sind, dann müssen sie von Anfang an durch irgend etwas zu dieser Unvertauschbarkeit vorherbestimmt sein; die beiden solchermaßen zusammentreffenden Automatismen müssen sich durch etwas «Inhaltliches» unterscheiden.

Stellen wir uns den einfachsten Gag vor: Ein Herr im Frack, die Wichtigkeit in Person, schreitet auf der Straße. Plötzlich stolpert er, strauchelt, rudert wie irr mit den Armen, vollführt zwei, drei lächerliche Hupfer, bleibt stehen, richtet sich den Querbinder, holt tief Luft und schreitet weiter.

Worüber lachen wir?

Durch das Stolpern wurde des Herrn Wichtigkeit verletzt, verfremdet, verspottet, verunsinnigt. Das klassische Thema der Komödie ist exponiert: der verspottete Protz. Man kann ihn von Aristophanes' Kleon bis Shakespeares Malvolio, von Plautus' aufschneiderischem Soldaten bis zur Verspottung Pantalones in der Commedia dell'arte, von Goldoni bis zur amerikanischen Groteske verfolgen.

Dieses Thema ist freilich nur typischer Bestandteil eines bedeutend weiteren Kontextes: Verspottung alles dessen, was mehr zu sein glaubt, als es wirklich ist; alles dessen, was weder so zu sein vermag, wie es wirklich ist, noch so, wie es zu sein vortäuscht; aller Pseudowürde und falscher Majestät, aller Wichtigkeit, Affektiertheit und Manieriertheit.

Karel Teige, der gegen den Dadaismus als literarische und Literatenbewegung sein «Superdada» als Bezeichnung alles Absurden und unwillkürlich Lächerlichen stellte, schrieb: «...Dada hat auf unserer Erdkugel ein sehr umfangreiches Re-

pertoire, und besonders reich sind seine Schätze in unserem geliebten, vom Schildbürgertum beherrschten Vaterland.

Aller Snobismus und Puritanismus ist Dada. Das Sokol-Turn-
großfest ist Dada. Die Destinová, wenn sie für die Sokols auf
dem Vyšehrad-Felsen singt, ist Dada. Die Architektur von
Riunione Adratica in Prag ist Dada. Die Basilius-Kathedrale in
Moskau ist Dada. Das Denkmal des Widerstands ist Dada. Die
Politik Viktor Dyks ist Dada. Dr. Karel Kramář ist Dada. Der
tschechoslowakische Faschismus ist Dada. Peroutka, der Litera-
turkritiker, ist Dada. Der Vatikan ist Dada. Der freie Gedanke ist
Dada. Die Modernität der ‹Hartnäckigen› ist Dada. Der Mrako-
tiner Monolith ist Dada usw. usw.

Das Wort ‹Dada› umschreibt und markiert hier komische Un-
sinnigkeit, Einfältigkeit, Ungehörigkeit, Ungebührlichkeit, Lä-
cherlichkeit, die aus der Unangemessenheit erstehen. Die unwill-
kürliche Absurdität dessen, was seriös, tiefsinnig, majestätisch,
erhaben, pathetisch, herrlich, gelehrt und gottähnlich sein will,
was jedoch dank irgendwelcher gehirnatmosphärischer Störungen, dank abwegigen Denkens, dank Unaufgeklärtheit nicht gelingt.»

G. Kosinzew schreibt in einer Studie, in der er die Tradition
des Standpunkts zurückverfolgt, den Chaplin der Welt gegenüber einnimmt: «Was Könige, Feldherrn, Staatsmänner nicht sehen, das sieht der Narr. Er sieht es nicht nur, er spricht es aus. Er
ist der einzige Mensch, der die Wahrheit sagen darf. Er hat das
Recht zu sprechen, weil er die Wahrheit im Spaße vorbringt. Er
trägt die Narrenkappe.

Volksweisheit hat sich in der Kunst nie durch tugendsame
Sentenzen oder frisierte Belehrungen geäußert. Sie ist stets im
Spaß entstanden. Dem ‹Plebs› war in der Kunst der Humor vorbehalten. Bei allen Völkern tauchte eine komische Figur auf,
überall die gleiche, ähnlich sogar im Äußeren.

Punch, Karagez, Hanswurst, Kašpárek, Petruschka…

Ihre Waffe war das Lachen. Lachen verbog Schwerter. Es verwandelte Gold in Staub, öffnete Gefängnistore. Es verwandelte
die Macht der Starken, Reichen, Vornehmen in Unsinn. Und es
zeigte sich, daß der Dümmste am Ende der Klügste war.»

Eines der Grundthemen des Humors ist das falsche Pathos. Und eines der Grundprinzipien des Humors ist die Entpathetisierung.

Was bedeutet falsches Pathos?

Die Mentalität des Menschen ist – im Guten wie im Schlechten – dialektisch: Realisiert sie sich in starken Emotionen, zeigt sie gleichzeitig eine Tendenz, diese zu schwächen, zu kompensieren, zu überwinden; sind es im Gegenteil Emotionen, durch die sich das Schwache verwirklicht, versucht sie diesen zu «helfen», diese – sei es auch durch Gewalt und von außen – zu steigern, zu stärken und bestimmter zur Geltung zu bringen. Starke Emotionen haben also Zentripetalkraft, sie sind intensiv; schwache Emotionen dagegen sind zentrifugal, extensiv, sie haben die Tendenz, sich selbst um jeden Preis zu vergrößern.

Die selbstbeschränkende und sich selbst bremsende Kraft der großen Emotion strebt dabei nach Ausgleich und Harmonie, dem Bedürfnis des Menschen entwachsend, sozusagen «seiner selbst angemessen» zu sein, einfach er selbst zu bleiben.

Die Neigung der schwachen Emotion, sich – nach außen hin – maximal zu steigern, spiegelt im Gegenteil das Bedürfnis, der Konvention zu genügen, die Norm zu erfüllen, den Schein zu erwecken – auch um den Preis der Entfremdung von sich selbst; einen bestimmten, von außen übernommenen Automatismus zu realisieren – auch um den Preis der eigenen «Unangemessenheit» und des Verlusts von sich selbst.

Der Konflikt zwischen «kleinem Inhalt» und «großer Form» (durch deren Vermittlung der «kleine Inhalt» «groß» zu werden versucht, um irgendeinem Automatismus der «Größe als Norm» zu entsprechen) ist das Wesen des falschen Pathos.

Die Entfremdung, von der falsches Pathos stets zeugt, und die Unangemessenheit der äußeren und inneren Dimensionen, aus der es entsteht, provoziert seit jeher Spott und Verfremdung.

Je herzzerreißender Chaplins Weinen bei der traurigen Nachricht, desto mehr bezweifeln wir die Größe des Gefühls, das es reproduziert.

Je wilder die Jagd des Gendarmen und Frigos, desto mehr mißtrauen wir ihrem Sinn.

Je aufgepeitschter die Wut des Mieters, desto mehr bezweifeln wir ihre Berechtigung und Angemessenheit.

Je großartiger die Enthüllung des Prosperity-Denkmals, desto mißtrauischer sind wir im Hinblick auf die wirkliche Prosperität des Staates.

Je öfter eine Phrase gebraucht wird (stützen Sie das Haus), desto weniger glauben wir, daß sie einen semantischen Inhalt hat.

Je automatisierter der Fabrikationsprozeß, desto mehr mißtrauen wir seinem menschlichen Kontext. Die hochgespannte Form dieser Wirklichkeiten erweckt ein einheitliches Gefühl des Mißtrauens in ihren Inhalt und den begründeten Verdacht, daß sie ihm nicht angemessen ist.

Diese Wirklichkeiten erscheinen uns als falsch-pathetisch. Und tatsächlich: Weint jemand herzzerreißend bei einer traurigen Nachricht oder enthüllt er prunkvoll ein Denkmal, tut er es offensichtlich für seine Umgebung, «für die Welt». Er erfüllt einen Automatismus, der außerhalb von ihm ist, und entmenschlicht sich dadurch.

Lust auf Gin-Fizz ist ein normales Gefühl.

Mechanische Reaktion an einer Kreuzung ist natürlich und verständlich.

Tausendmal haben wir gewartet, bis der Kübel vollgelaufen war.

Schlaf ist eine gewöhnliche biologische Notwendigkeit.

«Nichtverstehen» der Metapher vom Stützen des Hauses ist ein Irrtum, der jedem passieren kann.

Jeder weiß, daß wir uns des öfteren hinterm Ohr kratzen.

Die Selbstverständlichkeit solchen Tuns erweckt ein einheitliches Gefühl des Vertrauens in die Aufrichtigkeit seiner Beweggründe und berechtigten Glauben an deren Angemessenheit. Diese Wirklichkeiten erscheinen uns unpathetisch.

Mixt sich einer einen Gin-Fizz oder schläft er, ist evident, daß er es nur für sich tut. Er erfüllt einen Automatismus, der in ihm ist, und verwirklicht sich dadurch menschlich. (In einem anderen Zusammenhang könnte freilich ein Mensch «für die Welt» einen Gin-Fizz mixen oder schlafen und «für sich» herzzerreißend weinen oder ein Denkmal enthüllen.)

Man kann also sagen, daß im Gag der verfremdete Automatismus (im gegebenen Kontext, relativ) entmenschlichend ist, während der verfremdende Automatismus (im gegebenen Kontext, relativ) vermenschlichend ist. Womit unsere Frage nach der «inhaltlichen» Unterschiedlichkeit der beiden beteiligten Automatismen beantwortet wäre.

Etwas Pathetisches wird vom Gag durch etwas Unpathetisches verfremdet.

Die Oper ist pathetisch. Natascha, indem sie die Vorgänge auf der Bühne mit unpathetischen Begriffen bezeichnete, entpathetisierte die Oper.

Auch der Gag entpathetisiert.

Er modifiziert dadurch auf persönliche Weise jene Eigenschaft, die auch für andere Fälle von Verfremdung kennzeichnend ist.

In allem auf der Welt ist ein Stück Automatismus, und alles auf der Welt kann man – vom Gesichtspunkt des menschlichen Subjekts aus – als absurd verfremden. Absurd ist, was vom menschlichen Standpunkt aus einen Sinn haben sollte, von diesem Standpunkt aus aber keinen hat. Voraussetzung der Absurdität ist also stets ein Kriterium des Sinnvollseins. Dieses Kriterium kann jedoch verschiedenartig sein: einmal ist es die Forderung des philosophischen Sinns der «Wirklichkeit-an-sich» in bezug auf den «Menschen-an-sich» (bzw. die Forderung des Sinns der menschlichen, vom Tod abgeschlossenen Existenz in der Wirklichkeit der Welt, in die sie geworfen ist); sodann ist es das Gefühl einer bloßen usuellen Geordnetheit und Angemessenheit, welches das konkrete Subjekt in der konkreten Situation entweder hat oder nicht hat; schließlich beruht es auf dem Komplex bestimmter Ansprüche, welche der Mensch als Subjekt der Gesellschaft an seine Position in der Gesellschaft stellt. Zumeist sind es jedoch die verschiedenen Typen bewußter oder unwillkürlicher Durchdringung (und gegenseitiger Substitution) aller dieser Maßstäbe.

Bevor uns die Aufgabe zugefallen war, die verschiedenen Automatismen, die im Gag zusammentreffen, gewissermaßen «inhaltlich» zu klassifizieren, brauchten wir uns um das vorstehende Problem nicht zu kümmern, uns genügte die Feststellung, der Mensch sei das Maß der Absurdität (bzw. des Sinnvollseins). Sobald wir jedoch die Klassifizierung vornahmen, war eine bestimmte konkrete Auffassung des «Sinnvollseins» bereits zur Geltung gekommen. Welche?

Der Gag erzeugt in uns das Erlebnis der Absurdität, ähnlich jenem, das Natascha in der Oper hatte, und wie es uns so oft – in verschiedenem Maße, verschiedener Form und unter verschiedenen Umständen – die uns umgebende Wirklichkeit vermittelt. Dieses Erlebnis läßt sich als Modell nicht vollkommen wiedergeben, weil die unendlich reiche Welt der menschlichen Subjektivität und der Elemente, die sie bedingen, in keinem Modell restlos nachvollzogen werden kann. Ein vollgültiges Modell ist also auch dann nicht gegeben, wenn der Gag das Erlebnis hervorgerufen hat. Dennoch ist es in diesem konkreten Fall besser nachzumodellieren, als wenn man es «an sich» modellieren wollte. Aus einem einfachen Grund: Das Erlebnis entsteht nicht durch ein unvorbereitetes Zusammentreffen des Subjekts mit der Wirklichkeit, wie diese sich ihm anbietet, ohne von sich aus damit ein Ziel zu verfolgen, sondern es wird bewußt und zielbewußt hervorgerufen, auf dem Hintergrund gewisser Erfahrungen mit dem Mechanismus seiner wahrscheinlichsten Hervorrufbarkeit. Dieser Mechanismus beruht in der absichtlichen Verunsinnigung (unter Beibehaltung der spezifischen Logik des Gag) einer Wirklichkeit, die – vom Standpunkt des Menschen als gesellschaftlichem Subjekt – «objektiv» absurd ist, weil sie nicht gerade jenen Ansprüchen entspricht, die das Kriterium des Sinnvollseins auf der Ebene der gesellschaftlichen Erfahrung des Menschen bilden und auf dieser Ebene relativ objektivierbar sind.

Und tatsächlich: Sehen wir die Wirklichkeit in der Perspektive des Menschen als Subjekt gesellschaftlichen Geschehens, können wir recht gut – selbstverständlich immer nur in einem gewissen konkreten Kontext – unterscheiden zwischen relativ humanisierenden Automatismen, das heißt solchen, die den Menschen sich selbst zurückgeben und ihm ein (menschliches) Leben ermöglichen, sowie relativ enthumanisierenden Automatismen, die den Menschen sich selbst entfremden, ihn terrorisieren, versklaven, seiner Natürlichkeit entrücken, ihn um seine Authentizität und Angemessenheit bringen. Die Unterscheidung, die wir beim Vergleich des verfremdenden und des verfremdeten Automatismus im Gag vornahmen, ging – wie ersichtlich – aus diesem Kriterium hervor.

Wenn das Maß «gesellschaftlichen Sinnvollseins» bzw. «gesellschaftlicher Absurdität» auch derart objektivierbar ist, so heißt das noch nicht, daß es darum auch immer auf den ersten Blick erkennbar wird: die ungeheuerlichsten Automatismen knüpfen oft unmittelbar an die am meisten vermenschlichenden an: der grausige Automatismus von Chaplins ‹Moderne Zeiten› hängt sehr eng mit dem Automatismus der modernen Industriezivilisation zusammen, ohne die sich heute der Mensch keine wirklich menschlichen Lebensdimensionen vorstellen kann; der Automatismus, welcher die Atombombe gebiert, hängt sehr eng mit dem Automatismus zusammen, welcher den Menschen ins Weltall schießt; der Automatismus der Konzentrationslager knüpft direkt an den Automatismus moderner Staaten und Administrationen an; der Automatismus menschlicher Transzendenz im religiösen Glauben hängt eng und logisch mit dem Automatismus der Verbrennung von Menschen zusammen, welche den Horizont der menschlichen Erkenntnis ausweiten; usw. usw. Angesichts dieser Situation kommt es ganz auf die Fähigkeit des Menschen an, frühzeitig zu erkennen, wann ein Automatismus ihm zu dienen aufhört und wann er dem Automatismus zu dienen beginnt. Diese Fähigkeit setzt allerdings eine bestimmte (philosophische) Grundkonzeption vom Menschen als «Möglichkeit des Menschen» und seiner Aufgaben in der Welt voraus.

Für den Gag ist folglich charakteristisch, daß er die Absurdität als Erlebnis des Subjekts durch Aufdecken einer bestimmten «objektiven» «gesellschaftlichen» Absurdität (d. i. objektive Absurdität vom Standpunkt der objektivierbaren Erfahrungen des Menschen als gesellschaftlichem Subjekt) auf dem Hintergrund eines mehr oder weniger bewußt gewordenen und mehr oder weniger sich offenbarenden Kriteriums menschlichen Sinnvollseins im philosophischen Sinn des Wortes hervorruft.

Die zentrale Aufgabe des gesellschaftlichen Elements ergibt sich hier nicht zufällig: Mehrmals schon ist auf den engen Zusammenhang zwischen Humor und menschlicher Soziabilität hingewiesen worden: als menschliche Äußerung entspringt Humor stets bestimmten sozialen Seiten menschlicher Erfahrung, an die er letzten Endes auch appelliert – freilich oftmals in so gelockerter und vermittelter Form, daß es keineswegs immer auf den ersten Blick erkennbar ist. Es hat den Anschein, daß die Schärfe, Plötzlichkeit und schockierende Eindringlichkeit, durch die sich Humor (zum Beispiel im Vergleich zur Reflexion) auszeichnet, geradezu das hohe Maß an Objektivierbarkeit erfordert, das man im Bereich der sozialen Erfahrung finden kann – nämlich der zwischenmenschlichen, der mehreren Menschen gemeinsamen.

Es kann also zusammengefaßt werden: Der Gag ruft das Erlebnis der Absurdität hervor, indem er eine Wirklichkeit verfremdet (als absurd offenbart), in welcher der Mensch auf irgendeine Weise gesellschaftlich («objektiv») sich selbst entfremdet ist, ohne sich dessen voll bewußt zu sein.

(Deshalb pflegt auch – unter anderem – das Objekt des Gag – sowie des Humors überhaupt – nicht ein Mensch zu sein, der sich seiner selbst und seiner Situation voll bewußt – und somit authentisch – ist, ob nun dank seiner Fähigkeit, sich selbst zu reflektieren – zum Beispiel ein Staatsmann mit Sinn für die Komik seiner Stellung – oder dank der Offenkundigkeit dieser Situation – zum Beispiel bei einem Krüppel.)

Begreiflicherweise entwickelt sich der Mensch unablässig; der Wirklichkeit, die ihn umgibt und die er bildet, verleiht er unablässig neuen Sinn; er bildet neue Kontexte, neue Automatismen – denn mit diesen und durch diese realisiert sich eigentlich seine Entwicklung. Es ist natürlich, daß die Wirklichkeit gerade deshalb gleichzeitig und ununterbrochen den Sinn verliert, den sie hatte, die gebildeten Automatismen fahren im «Leerlauf», sie ersetzen den verlorenen Sinn durch seinen Schein, automatisieren sich immer tiefer in sich selbst, werden Selbstzweck, konservieren überlebte Formen, versklaven durch sie den Menschen, täuschen und automatisieren ihn, werden von seinem Standpunkt aus absurd.

Mittels Verfremdung «toter» Automatismen, mittels zielbewußter Verunsinnigung eigener – durch Automatismen hervorgerufener – Unangemessenheit, mit alldem wehrt sich der Mensch gegen seine Entfremdung, erlangt er immer wieder von neuem die eigene Authentizität, kehrt er zu sich selbst zurück, zu seiner Natürlichkeit und zu seinem Wesen.

Die Kompliziertheit unserer Zeit, determiniert durch die Geschwindigkeit der technischen Entwicklung, durch die Häufung umwälzender Erfindungen, so daß man sich mit ihnen gar nicht vertraut machen kann, durch Bildung eines vollkommen neuen Lebensrhythmus, durch heftigen Zusammenprall von Kräften, die jahrhundertelang isoliert gelebt hatten, durch eine nie dagewesene Atomisierung der Erkenntnis und sämtlicher integraler Bestandteile der geistigen Strukturen der Vergangenheit, durch beschleunigte Vertiefung und Verschleierung der gesellschaftlichen Gegensätze bei gleichzeitigen ersten Versuchen um eine rationale Organisation der Geschichte – die Kompliziertheit dieser Zeit bildet und häuft offenbar auch beschleunigt eine nie dagewesene Menge überlebter Automatismen an, mit denen die Zeit den Menschen und die Gesellschaft durchdringt.

Vielleicht entfaltet sich in dieser unserer Zeit gerade deshalb – aus einer gewissen Notwendigkeit des Menschen heraus, sich zu verteidigen und allen Arten von Druck zu widerstehen – in ungewöhnlichem Maß, was früher das gesellschaftliche Bewußtsein nicht kannte: die Empfindungskonvention des Absurden, die absolute Kunst, den absurden Humor.

Es ist vermutlich kein Zufall, daß jene künstlerische Disziplin, die von dieser Zeit geboren wurde – der Film –, gleich mit der ersten Phase ihrer Entwicklung gewissermaßen eine ganze Ära schuf, indem sie in ihrer Sprache die moderne Fähigkeit zu verankern verstand, die Absurdität der Dinge zu enthüllen, und indem sie ihrer Sprache den Grad von Mitteilsamkeit verlieh, der Vorbedingung dieser größten «Massenkunst» ist.

Sinn für Absurdität, Fähigkeit zur Verfremdung, absurder Humor – das sind wahrscheinlich die Wege, auf denen der Gegenwartsmensch zur Katharsis gelangt, das ist für ihn wahrscheinlich die einzige Art der «Reinigung», die der Welt adäquat ist, in der er lebt.

Wer die Welt und sich selbst auf der Ebene dieser unsentimentalen «Katharsis des kybernetischen Zeitalters» zu sehen versteht, läuft wahrscheinlich nicht Gefahr, die Grenze seiner eigenen Angemessenheit zu mißachten; dort aber, wo sich eine gewisse permanente Verknöcherung dieser Sicht widersetzt, wird wahrscheinlich weiterhin aufgeblasene Leere spuken, ein hohles Pathos, das, was Teige Superdada nannte.

Wer Bücher schenkt...

...schenkt Wertpapiere, heißt es bei Stendhal. Denn: Bücher sind Geschenke ganz besonderer Art; sie verwelken nicht, sie zerbrechen nicht, sie veralten nicht, und sie gleichen dem Kuchen im Märchen, den man ißt, und der nicht kleiner wird.

Man könnte hinzufügen, etwas prosaischer: Und sie tragen Zinsen wie ein klug angelegtes Kapital.

Wer Bücher schenkt, schenkt Wertpapiere.

ANTIKODEN

(Gesammelte Typogramme)

; " = % & ( ) _ § / : `

1 2 3 4 5 6 7 8 9 0 ß ´

Q W E R T Z U I O P Ü *

q w e r t z u i o p ü +

A S D F G H J K L Ö Ä £

a s d f g h j k l ö ä $

Y X C V B N M ? ! '

y x c v b n m , . -

1936
1937
1938
1939
1940
1941
1942
1943
1944
1945
1946
1947
1948
1949
1950
1951
1952
1953
1954
1955
1956
1957
1958
1959
1960
1961
1962
1963
1964

MEIN LEBENSLAUF

ImxwunderschönenxMonatxMai
ImxwunderschönenxMonatxMai
ImxwunderschönenxMonatxMai
ImxwunderschönenxMonatxMai
ImxwunderschönenxMonatxMai
ImxwunderschönenxMonatxMai
ImxwunderschönenxMonatxMai
ImxwunderschönenxMonatxMai
ImxwunderschönenxMonatxMai
ImxwunderschönenxMonatxMai
ImxwunderschönenxMonatxMai
ImxwunderschönenxMonatxMai
ImxwunderschönenxMonatxMai
ImxwunderschönenxMonatxMai
ImxwunderschönenxMonatxMai
ImxwunderschönenxMonatxMai
ImxwunderschönenxMonatxMai
ImxwunderschönenxMonatxMai
ImxwunderschönenxMonatxMai
ImxwunderschönenxMonatxMai
ImxwunderschönenxMonatxMai
ImxwunderschönenxMonatxMai
ImxwunderschönenxMonatxMai
ImxwunderschönenxMonatxMai
ImxwunderschönenxMonatxMai

Im wunderschönen Monat Mai

GESTALTUNG

STIMMUNG

```
Vogel Vogel Vogel Vogel
Vogel Vogel Vogel
Vogel Vogel Vogel Vogel
Vogel Vogel Vogel

Vogel Vogel Vogel Vogel
Vogel Vogel Vogel
Vogel Vogel Vogel Vogel
Vogel Vogel Vogel

Vogel Vogel Vogel Vogel
Vogel Vogel Vogel
Vogel Vogel Vogel Vogel
Vogel Vogel Vogel

        ( =    4 2    V ö g e l )


                                   l

                             e


                  o

                       g



 V


        ( =   G e d i c h t
        ü b e r   d e n   V o g e l )
```

101010101010101010101010101010101010101010
010101010101010101010101010101010101010101
110110110110110110110110110110110110110110
001001001001001001001001001001001001001010
101001010010100101001010010100101001010010100
010110101101011010110101101011010110101101011
101001000101001000101001000101001000100001010
010110111010110111010110111 0.1101110101
1011010010 101001010110100101010110100010
010 001001001001001010010 1010010010010
101001100011101 01000110101 1010010
001000 10100110 0 10101 1 01
1 10101 1 00 11 010 10
00 111 00000 1 0101
1 0 01 1 1 101 0
0 00 10 01 0 1
1 010010 0 110 0
0 1 00 1 01
0
0
11

0 1 01 1

101

1
0
1

00
11
1
1
o 0 0

0

0 1

0

0

LIEBESERKLÄRUNG
(im kybernetischen Kode)

A gleicht unter gewissen Umständen B

B gleicht unter gewissen Umständen C

C gleicht unter gewissen Umständen D

D gleicht unter gewissen Umständen E

E gleicht unter gewissen Umständen F

F gleicht unter gewissen Umständen G

G gleicht unter gewissen Umständen H

H gleicht unter gewissen Umständen I

I gleicht unter gewissen Umständen J

J gleicht unter gewissen Umständen K

K gleicht unter gewissen Umständen L

L gleicht unter gewissen Umständen M

M gleicht unter gewissen Umständen N

N gleicht unter gewissen Umständen O

O gleicht unter gewissen Umständen P

P gleicht unter gewissen Umständen Q

Q gleicht unter gewissen Umständen R

R gleicht unter gewissen Umständen S

S gleicht unter gewissen Umständen T

T gleicht unter gewissen Umständen U

U gleicht unter gewissen Umständen V

V gleicht unter gewissen Umständen W

W gleicht unter gewissen Umständen X

X gleicht unter gewissen Umständen Y

Y gleicht unter gewissen Umständen Z

Z gleicht unter gewissen Umständen A

(Und nachzuforschen, wem oder was gewisse Umstände gleichen, ist Heimtücke,
bezeichnend für gewisse Leute!)

HEIMTÜCKE

Ernten
        Dreschen
                Umackern
Einsacken und Liefern
Umackern
        Dreschen
                Ernten
Liefern und Einsacken
Ernten
        Umackern
                Dreschen
                Dreschen
        Umackern
Ernten
Einsacken und Liefern
Liefern und Einsacken
Umackern
        Umackern
                Umackern
                Einsacken und Liefern
        Dreschen
Dreschen
Umackern
Ernten Liefern und Einsacken
                D R E S C H E N   !
                GEDICHT

ES GIBT KEINE!

~~WXEXEXXXMITXDER~~ SELBSTZENSUR ~~WXEXEXI~~

VERBESSERT VOM AUTOR

100%   100%   100%   100%   100%   100%   100%

100%   100%   100%   100%   100%   100%   100%

100%   100%   100%   100%   100%   100%   100%

100%   100%   100%   100%   100%   100%   100%

100%   100%   100%   100%   100%   100%   100%

100%   100%   100%   100%   100%   100%   100%

100%   100%   100%   100%   100%   100%   100%

100%   100%   100%   100%   100%   100%   100%

100%   100%   100%   100%   100%   100%   100%

100%   100%   100%   100%   100%   99%   100%

100%   100%   100%   100%   100%   100%   100%

100%   100%   100%   100%   100%   100%   100%

KONSTRUKTIVE SATIRE

Genosse A

steht im feindlichen Lager

weil er auf Seite 59 ein Leninzitat benutzt hat

obwohl

wie bekannt

"unser größter Feind die Zitatomanie ist"

(Lenin, Band 24, Seite 198, dritte Zeile von oben)

ZITATOMANIE

Es hat keinen Sinn, sich zu verhehlen,
daß sich b e s t i m m t e   Leute
in b e s t i m m t e n   Situationen
b e s t i m m t e r   Generalisierungen schuldig machen, indem sie
b e s t i m m t e   Erscheinungen zu unrecht verallgemeinern
und b e s t i m m t e   Erscheinungen wiederum
absichtlich übersehen.

                    Sie schaffen sich so eine
b e s t i m m t e   spezifische Plattform,
und repräsentieren
– in b e s t i m m t e m   Kontext –
einen b e s t i m m t e n   Typ des Rechtsabweichlertums.

HEISENBERGS
PRINZIP
DER BESTIMMTHEIT

In den letzten Jahren konnten wir auf unserem
....

zweifellos viele herausragende Erfolge ver-
zeichnen. Wir dürfen uns jedoch nicht verhehlen, daß es auf diesem Gebiet auch weiterhin
noch einige kleinere Mängel gibt. Insbesondere auf den Sektoren ....
....
....
....
....
....
....
....
....
....
....
....
....
....
....
....
....
....
....
....
.... erwartet uns noch viel Arbeit.

VORDRUCK

Jahrtausendelang
behaupteten fälschlich

die einen   die anderen
das   E I   die   H E N N E
sei früher gewesen   sei früher gewesen
als die Henne   als das Ei

Und erst wir,
die diese Frage
vom Standpunkt
der historischen Entwicklung
des   E I S   und   der   H E N N E
betrachten, wissen
daß

das   E I   aber gleichzeitig auch
früher gewesen ist   die   H E N N E
als die Henne   früher gewesen ist
als das Ei

Und daß einzig in der tiefen inneren Einheit
dieser beiden historischen Wirklichkeiten
die Wahrheit liegt über
E I   und   H E N N E

DIALEKTISCHE SYNTHESE

Werter Genosse
im Hinblick auf Ihre fachliche Qualifikation
und Ihre Initiative bezüglich unseres Betriebes
ernenne ich Sie hiermit
zum ersten Stellvertreter für die tierische Produktion
unserer Schloßgüter
Ihr Klamm

Am andern Tag begann der Landvermesser K.
eine grundlegende Reorganisation
der tierischen Produktion der Schloßgüter vorzubereiten
kurz Aktion K genannt

DAS SCHLOSS, ZWEITER TEIL

MONTAG	Büro	Ruhe	Kino	Schlaf
DIENSTAG	Büro	Ruhe	Fernsehen	Schlaf
MITTWOCH	Büro	Ruhe	Kino	Schlaf
DONNERSTAG	Büro	Ruhe	Fernsehen	Schlaf
FREITAG	Büro	Ruhe	Kino	Schlaf
SONNABEND	Büro	Ruhe	Vergnügen	Schlaf
SONNTAG	Schlaf	Fernsehen	Fernsehen	Schlaf

KULTURPLAN

Im wunderschönen Monat Mai,
Als alle Knospen sprangen,,
Da ist in meinem Herzennnnn
Die Liebe aufgegangen......
Im wunderschönen Monat Mai,
Als alle Vöglein sangen,,,,
Da hab ich ihr gestandennn
Mein Sehnen und Verlangen..

GELENKTE KUNST

Im wunderschönen Monat Mai,
Als alle Knospen sprangen,,,
Da ist in meinem Herzennnnnnn
die Liebe aufgegangen............
Im wunderschönen Monat Mai,,,,,,,,,,,
Als alle Vöglein sangen,,,,,,,,,,,,,,,,,,
Da hab ich ihr gestandennnnnnnnnnnnnnnnnnnnnnnnnn
Mein Sehnen und Verlangen.............................

ENTFALTETE KUNST

alle	Knospen
alle	
als	Liebe
als	
aufgegangen	Mai
	Mai
	mein
da	meinem
da	Monat
die	Monat
gestanden	sangen
	Sehnen
hab	sprangen
Herzen	
	und
ich	
ihr	Verlangen
im	Vöglein
im	
in	wunderschönen
ist	wunderschönen

IDEAL
ORGANISIERTE
KUNST

Singen!   Zu Ende singen!

Singen!   Zu Ende singen!

Singen!   Zu Ende singen!

Singen!   Zu Ende singen!

Singen!   Zu Ende singen!

Singen!   Zu Ende singen!

Singen!   Zu Ende singen!

Singen!   Zu Ende singen!

Singen!   Zu Ende singen!

Singen!   Zu Ende singen!

Singen!   Zu Ende singen!

Singen!   Zu Ende singen!

Singen!   Zu Ende singen!

Singen!   Zu Ende singen!

Singen!   Zu Ende singen!

Singen!   Zu Ende singen!

Singen!   Zu Ende singen!

Singen!   Zu Ende singen!

Singen!   Zu Ende singen!

Singen!   Zu Ende singen!

1 3
9 0

1950

1 6
9 0

ENTWICKLUNG EINER
MALERGENERATION

A
B
A
B
C
D
D
C

E
F
F

G
G
A

«LYRISCHER CHARAKTER»

	UNSER VOLK	läßt nicht zu, daß die Errungenschaften
	UNSERES VOLKES	genommen werden
	UNSEREM VOLKE	und daß jeder täuschen kann
	UNSER VOLK	mit dem Ruf
	UNSER VOLK!	
ÜBER	UNSER VOLK	sollen entscheiden, die
MIT	UNSEREM VOLKE	gehen!

PARADIGMA «VOLK»

Jeder gehe den eigenen Weg!

Jeder gehe den eigenen Weg!

Jeder gehe den eigenen Weg!

Jeder gehe den eigenen Weg!

Jeder gehe den eigenen Weg!

Jeder gehe den eigenen Weg!

Jeder gehe den eigenen Weg!

Jeder gehe den eigenen Weg!

Jeder gehe den eigenen Weg!

Jeder gehe den eigenen Weg!

Jeder gehe den eigenen Weg!

Jeder gehe den eigenen Weg!

Jeder gehe den eigenen Weg!

Jeder gehe den eigenen Weg!

Jeder gehe den eigenen Weg!

XXXXJederxgehexdenxeigenenXXXX   Wegixx

Jeder gehe den eigenen Weg!!

Jeder gehe den eigenen Weg!!

Jeder gehe den eigenen Weg!!

Jeder gehe den eigenen Weg!!

Jeder gehe den eigenen Weg!!

Jeder gehe den eigenen Weg!!

```
                        Worte
                        Worte
                        Worte
                        Worte
                        Worte
                        Worte
                        Worte
                        Worte
                        Worte
                        Worte
                        Worte
                        Worte
                        Worte
                        Worte
              ich                       du
         ich      ich  Worte       du     du
           ich      ich  Worte    du        du
         ich        ich  Worte    du       du
          ich       ich  Worte    du        du
         ich        ich  Worte    du          du
          ich       ich  Worte    du           du
         ich        ich  Worte    du            du
       ich          ich  Worte    du             du
     ich            ich  Worte    du              du
```

BARRIERE

worteworteworteworteworteworteworteworteworteworte
worteworteworteworteworteworteworteworteworteworte
worteworteworteworteworteworteworteworteworteworte
worteworteworteworteworteworteworteworteworteworte
worteworteworteworteworteworteworteworteworteworte
worteworteworteworteworteworteworteworteworteworte
worteworteworteworteworteworte   worte
worteworteworteworteworteworte   Wort   worte
worteworteworteworteworteworte   worte
worteworteworteworteworteworteworteworteworteworte
worteworteworteworteworteworteworteworteworteworte

```
                    VORWÄRTS
          VORWÄRTS              VORWÄRTS
         VORWÄRTS                VORWÄRTS
        VORWÄRTS                  VORWÄRTS
       VORWÄRTS                    VORWÄRTS
      VORWÄRTS                      VORWÄRTS
      VORWÄRTS                      VORWÄRTS
       VORWÄRTS                    VORWÄRTS
        VORWÄRTS                  VORWÄRTS
         VORWÄRTS                VORWÄRTS
          VORWÄRTS              VORWÄRTS
                    VORWÄRTS
```

Für allseitige und harmonische Entwicklung der Persönlichkeit!
Für allseitige und harmonische Entwicklung der Persönlichkeit!
Für allseitige und harmonische Entwicklung der Persönlichkeit!
Für allseitige und harmonische Entwicklung der Persönlichkeit!
Für allseitige und harmonische Entwicklung der Persönlichkeit!
Für allseitige und harmonische Entwicklung der Persönlichkeit!
Für allseitige und harmonische Entwicklung der Persönlichkeit!
Für allseitige und harmonische Entwicklung der Persönlichkeit!
Für allseitige und harmonische Entwicklung der Persönlichkeit!
Für allseitige und harmonische Entwicklung der Persönlichkeit!
Für allseitige und harmonische Entwicklung der Persönlichkeit!
Für allseitige und harmonische Entwicklung der Persönlichkeit!
Für allseitige und harmonische Entwicklung der Persönlichkeit!
Für allseitige und harmonische Entwicklung der Persönlichkeit!
Für allseitige und harmonische Entwicklung der Persönlichkeit!
Für allseitige und harmonische Entwicklung der Persönlichkeit!
Für allseitige und harmonische Entwicklung der Persönlichkeit!
Für allseitige und harmonische Entwicklung der Persönlichkeit!
Für allseitige und harmonische Entwicklung der Persönlichkeit!
Für allseitige und harmonische Entwicklung der Persönlichkeit!
Für allseitige und harmonische Entwicklung der Persönlichkeit!
Für allseitige und harmonische Entwicklung der Persönlichkeit!
Für allseitige und harmonische Entwicklung der Persönlichkeit!
Für allseitige und harmonische Entwicklung der Persönlichkeit!
Für allseitige und harmonische Entwicklung der Persönlichkeit!
Für allseitige und harmonische Entwicklung der Persönlichkeit!
Für allseitige und harmonische Entwicklung der Persönlichkeit!

```
                    O
                   OOO
                  OOOOO
                 OOOOOOO
                OOOOOOOOO
               OOOOOOOOOOO
              OOOOOOOOOOOOO
             OOOOOOOOOOOOOOO
            OOOOOOOOOOOOOOOOO
           OOOOOOOOOOOOOOOOOOO
          OOOOOOOOOOOOOOOOOOOOO
         OOOOOOOOOOOOOOOOOOOOOOO
        OOOOOOOOOOOOOOOOOOOOOOOOO
       OOOOOOOOOOOOOOOOOOOOOOOOOOO
      OOOOOOOOOOOOOOOOOOOOOOOOOOOOO
     OOOOOOOOOOOOOOOOOOOOOOOOOOOOOOO
    OOOOOOOOOOOOOOOOOOOOOOOOOOOOOOOOO
   OOOOOOOOOOOOOOOOOOOOOOOOOOOOOOOOOOO
  OOOOOOOOOOOOOOOOOOOOOOOOOOOOOOOOOOOOO
 OOOOOOOOOOOOOOOOOOOOOOOOOOOOOOOOOOOOOOO
OOOOOOOOOOOOOOOOOOOOOOOOOOOOOOOOOOOOOOOOO
```

```
              O           O
              OOOOOOOOOOOO
              O           O
              O     1     O
              O           O
              OOOOOOOOOOOO
              O           O
```

PERSONENKULT

```
            F                   F
            R                   R
F   R   E   I   H   E   I   T
            I                   I
            H                   H
F   R   E   I   H   E   I   T
            I                   I
            T                   T
```

! !

! !

! !

! !

! !

! ! ! ! ! ! ! ! ! ! ! ! ! ! ! ? ! ! ! ! ! ! !

! !

DER PHILOSOPH

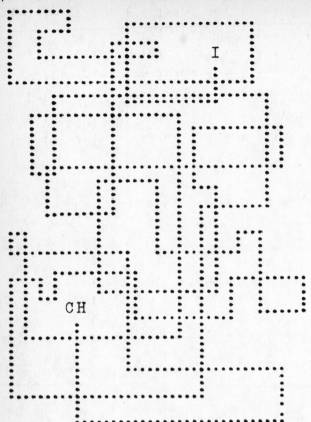

ENTFREMDUNG

9%864901§58300%%758%011§32§64%93019%42095§3%20§1164§
107%6§4329%01923%4329%0110§548%648§§3289010%7681003
%8536§0   0%547%§0198%54301789%54320§§98%76%0§361
9§41.03% m 16943%0§90754319%1109%§53877308%05219%4
816%%52   08659%0§§43219§432%98016%7221444%21006§
3%2%%0§045743%0§7397%07540110%907641§§1%8532   17
10§3379%29   89%0065§§63%32015§4239991§40§ h 2%
%48763%0§1 e §0158%7530§%68%139%7§53201883   55
6§699%3015   80%970%§10%8497%011448%§§3%23901%0§2
6649%01§§57%52182   77%3890§%§876%4300%9219%4321%
5%947890§2361179% n 2122§69%08§6419%32%088843§710
037§097%654320%81   1%3200§§%5339%011069%5320§§1%
§750%950§9870%321019§4829%0110%86§432%2938§8539%015
01773%63§§5%87063%084419§3%2%%§420%860%1§741320005%
79%§420%1%§589%370%70§730%530032%1%1§117390%46619§3
88%§05290%478235§   %40%830%169%§2§693%60%200§111
1759%32100§7§§4B1 s 1689%32%0§45   9%32§0%7418§
33210%5§4%%321§60   054987%5301% c 01%84%0§%752
%1158%6320%§85§43210%754§39%329916   1§53908932§§
010188§3%8530%§65§§32%590%1%489%0§0963%210%70%42301
7%640§%9321%654%2100755%3%%§5201§§528935%743%019§2%
49%201%6430§§42109%759%3§0%7520%110%%59%3§7%4760105

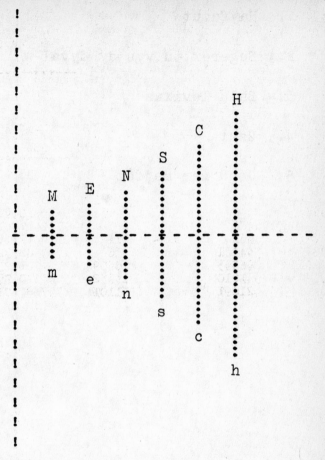

1. Hayfazut

2. Begerex tu vys dy dyval

3. Balu levixas

4. Uzut

5. Gogu zar mejféz

A! B! C! D! E!

F! G! H! I! J!

K! L! M! N! O!

P! Q! R! S! T!

U! V! X! Y! Z!

ABC DER MODERNEN
GESELLSCHAFT

A?   B?   C?   D?   E?

F?   G?   H?   I?   J?

K?   L?   M?   N?   O?

P?   Q?   R?   S?   T?

U?   V?   X?   Y?   Z?

ABC DES MODERNEN
MENSCHEN

```
frieden                                          frieden
frieden!                                        !frieden
 F r i e d e n !                            ! F r i e d e n
   F R I E D E N !!!                  !!! F R I E D E N
      F R I E D E N !!!!!        !!!!! F R I E D E N
        F  R  I  E !!!D!!E FN R!!I!!E  D E N
          !!!  FF IE D!!!! N     ied!   E N
          fied!! DEN  f! lied!       E N
          F R FRRR e !!e!!rd!e!
          FF fRI!!!!Dn!Frie e RIE   d
            f    !!!D! E di  R I  E!
          ied! R   FF      R I    E!
              !!        den  !   !!
                !!E!      !   !!       F
          R      !    !  !!    f
             !    D!      r   !
             !                !! EN     !
          !                en       !
             !     !!     !      !
             !    !      !     !       !
                     !        !
                 !      !     !            !
                      !
             !    !    !!
                  r         !
                  !
             !
                        !
                  !
```

KRIEG

$$E = mc^2$$

$$E = mc^2$$

$$E = mc^2$$

$$E = mc^2$$

$$E = mc^2$$

leben leben leben
leben leben leben
leben leben leben
leben leben leben
leben leben leben leben leben
leben leben leben leben leben
leben leben leben leben leben
leben leben leben
leben leben leben
leben leben leben
leben leben leben
leben leben leben
leben leben leben
leben leben leben
leben leben leben
leben leben leben

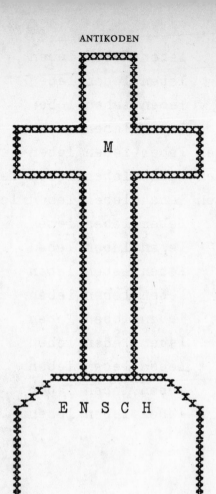

+   C   4

                     X

Y   V   .   3

         2   :

U   z   L   .Z   .

l   B   u   T

8   O

    k   t   i   7

  =   o   E   g

e   N   K   r   R   f   d

     I   c   n   %

  9   h   b   J   e

u   p   v   M   !

s   H   .   6   /

   ,   j   G   y   w

  u   W   m   s

a   ?   F   a   z

Q   y   c   -   ,   q

r   P

     x   ..   D

e   -

    .   i   5

§   A   S

AUSEINANDERGEHEN

Václav Havel

Das Gartenfest
Die Benachrichtigung
Zwei Dramen
Essays
Antikoden
rororo theater 12736

Vaněk-Triologie
Audienz – Vernissage – Protest
und
Versuchung. Sanierung
Theaterstücke
Mit einem Vorwort von Marketa
Goetz-Stankiewicz
rororo 12737

Largo Desolato
Schauspiel in sieben Bildern
rororo 5666

Versuch, in der Wahrheit zu leben
rororo aktuell Essay 12622

Briefe an Olga
Betrachtungen aus dem Gefängnis
Neuausgabe
rororo aktuell 12732

Fernverhör
Ein Gespräch mit Karel Hvížďala
Deutsch von Joachim Bruss
288 Seiten. Kartoniert

rororo

C 2370/2

aktuell ESSAY

Willy Brandt
Menschenrechte mißhandelt und mißbraucht (12135)

Ariel Dorfmann
Der einsame Reiter und Babar, König der Elefanten
Von harmlosen Helden in unseren Köpfen
(12384)

Erhard Eppler
Wie Feuer und Wasser
Sind Ost und West friedensfähig?
(12470)

Alain Finkielkraut
Die Niederlage des Denkens
(12413)

Rolf Henrich
Der vormundschaftliche Staat
Vom Versagen des real existierenden
Sozialismus (12536)

Herausgeber
Ingke Brodersen
Freimut Duve

Peter-Jürgen Boock

Essay

Schwarzes Loch
Im Hochsicherheitstrakt

rororo

12505

Václav Havel

Essay

Versuch, in der Wahrheit zu leben

rororo

12622

C 2311/4

aktuell ESSAY

Wolfgang Huber
Protestantismus und Protest
Zum Verhältnis von Ethik und Politik
(12136)

Ivan Illich
H$_2$O oder die Wasser des Vergessens
(12131)

Gisela Marx
Eine Zensur findet nicht statt
Vom Anspruch und Elend des
Fernsehjournalismus (12350)

Robert McNamara
Blindlings ins Verderben
Der Bankrott der Atom-Strategie
(12132)

Thomas Meyer
**Fundamentalismus – Aufstand
gegen die Moderne**
Essay (12414)

Richard von Weizsäcker
Die politische Kraft der Kultur
(12249)

Herausgeber
Ingke Brodersen
Freimut Duve

aktuell rororo

C 2311/4 a

Gunter Hofmann
Essay
Willy Brandt –
Porträt eines
Aufklärers aus
Deutschland
12503

Bahman Nirumand
Essay
**Leben mit
den Deutschen**
12404

Zeitgeschichte

Erhard Eppler
Das Schwerste ist Glaubwürdigkeit
Gespräche über ein Politikerleben
mit Freimut Duve (4355)

Peter J. Grafe
Schwarze Visionen
Die Modernisierung der CDU (5913)

Helmut Lorscheid/Leo A. Müller
Deckname: Schiller
Die deutschen Patrioten des
Lyndon LaRouche (5916)

Wolfgang Michal
Die SPD – staatstreu und jugendfrei
Wie altmodisch ist die Sozialdemokratie?
(13320)

Analysen
und
Lebensläufe

Herausgeber
Ingke Brodersen
Freimut Duve

aktuell rororo

12488   12348

C 2175/3

Aufbrüche
Die Chronik der Republik (5929)

Glasnost
Stimmen zwischen Zweifel und Hoffnung.
Von Wolf Biermann, Václav Havel,
Jewgenij Jewtuschenko u. a. (12235)

«Ihr habt unseren Bruder ermordet»
Die Antwort der Brüder des Gerold
von Braunmühl an die RAF
Eine Dokumentation (12318)

Werner Hoffmann
**Grundelemente der Wirtschafts-
gesellschaft**
Ein Leitfaden für Lehrende (1149)

Zeitgeschichte

Analysen
und
Lebensläufe

Herausgeber
Ingke Brodersen
Freimut Duve

aktuell rororo

C 2175/3 a

12168   5642

Liberalität

Joschka Fischer
Von grüner Kraft und Herrlichkeit
(5532)

Rolf Meinhardt (Herausgeber)
Türken raus?
oder Verteidigt den sozialen Frieden.
Beiträge gegen die Ausländerfeind-
lichkeit (5033)

Peter-Jürgen Boock

Essay

Schwarzes Loch
Im Hochsicherheitstrakt

rororo aktuell

12505

Heiko Kauffmann (Hg.)

Anschlag auf ein Grundrecht

**Kein Asyl
bei den
Deutschen**

rororo aktuell

5989

Herausgeber
Ingke Brodersen
Freimut Duve

aktuell rororo

C 2000/14 a

rowohlts bildmonographien

**Thema
Geschichte**

Gösta v. Uexküll
Konrad Adenauer (234)

Gerhard Wirth
Alexander der Große
(203)

Bernd Rill
Kemal Atatürk (346)

Marion Giebel
Augustus (327)

Justus Franz Wittkop
Michail A. Bakunin
(218)

Helmut Hirsch
August Bebel (196)

Wilhelm Mommsen
Otto von Bismarck (122)

Carola Stern
Willy Brandt (232)

Hans Oppermann
Julius Caesar (135)

Reinhold Neumann-Hoditz
**Nikita S.
Chruschtschow** (289)

Sebastian Haffner
Winston Churchill
(129)

Reinhold Neumann-Hoditz
Dschingis Khan (345)

Jürgen Miermeister
Rudi Dutschke (349)

Hermann Alexander
Schlögl
Echnaton (350)

Herbert Nette
Elisabeth I. (311)

Georg Holmsten
Friedrich II. (159)

Herbert Nette
**Friedrich II.
von Hohenstaufen**
(222)

Heino Rau
Mahatma Gandhi (172)

Elmar May
Che Guevara (207)

Helmut Presser
Johannes Gutenberg
(134)

Harald Steffahn
Adolf Hitler (316)

Peter Berglar
Wilhelm von Humboldt
(161)

Herbert Nette
Jeanne d'Arc (253)

Wolfgang Braunfels
Karl der Große (187)

Herbert Nette
Karl V. (280)

Reinhold Neumann-Hoditz
Katharina II. die Große
(392)

Gösta v. Uexküll
Ferdinand Lassalle
(212)

Hermann Weber
Lenin (168)

Bernd-Rüdiger Schwesig
Ludwig XIV. (352)

Helmut Hirsch
Rosa Luxemburg
(158)

Edmond Barincou
Niccolò Machiavelli
(17)

rowohlts bildmonographien

Tilemann Grimm
Mao Tse-tung (141)

Peter Berglar
Maria Theresia (286)

Friedrich Hartau
Clemens Fürst von Metternich (250)

Hans Peter Heinrich
Thomas Morus (331)

Giovanni de Luna
Benito Mussolini (270)

André Maurois
Napoleon (112)

Reinhold Neumann-Hoditz
Peter der Große (314)

Heinrich G. Ritzel
Kurt Schumacher (184)

Maximilian Rubel
Josef W. Stalin (224)

G. Prunkle und A. Rühle
Josip Broz-Tito (199)

Harry Wilde
Leo Trotzki (157)

Friedrich Hartau
Wilhelm II. (264)

**Thema
Geschichte**

bildmono rororo graphien

C 2053/9 a